髙橋洋一、安倍政権を叱る！

髙橋洋一

悟空出版

まえがき

２０１９年10―12月期のＧＤＰ１次速報が発表され、年率マイナス６・３％（実質）というひどい数字が明らかになった。民間需要は総崩れで、私が心配した通り、消費増税による深刻な影響が出ている。

この数字には、中国を震源地とした新型コロナウイルスによる肺炎（新型肺炎）の影響は含まれていない。

２０２０年に入って、新型肺炎は日本国内でも広がり始めた。消費増税による経済の落ち込みに、新型肺炎の影響が加わる。今年の日本経済は、かなり厳しい状況になると予測される。

実は、筆者は役人になる前に統計数理研究所で感染症モデルの研究をしていた。そのときの知見を使うと、感染症についての推計値を出せる。中国政府が初期段階で情報を隠蔽した疑いが濃いから、あまりいいデータがないのだが、わかっている情報をもとに筆者独自に予測してみた。

それによれば、感染者数の増加ペースのピークは3月だが、2020年4月いっぱいくらいまでは続くと予測され、その後も緩やかながらしばらくの間、新型肺炎の影響は続くだろう。

すでに、新型肺炎は中国経済に深刻な打撃を与えている。中国依存度の高い韓国経済も深刻な状況に陥っている。

当然、日本経済にも影響がある。

中国人観光客が減少することによる国内消費への影響は、ある程度の予測がつく。観光客の減少による影響は、おそらくGDPの0・2%程度であろう。ただし、中国とのサプライチェーンが切れることによる日本企業への影響、日本経済への影響は小さくはない。これが、どの程度の大きさになるのかを予測することは非常に難しい。

政府は1月に補正予算を通したが、新型肺炎の問題が出てくる前のものであり、消費増税による落ち込みの影響がある程度カバーされるだけである。消費増税と同時期にこの経済対策をしていればまだよかったが、予算が経済に効くのが4月以降ごろだとすると、半年ほど遅れた。

1―3月期には消費増税の悪影響がまだ続く。そこに、新たな要因として新型肺炎が加わったから、補正予算の規模ではまったく不十分である。さらに、もっと先を見れば、東京五輪そのものの中止の可能性もゼロではない。

◇

日本経済が深刻な状況に陥りかねないから、その処方箋をつくらなければならない。本書後半では処方箋について詳しく述べていく。

一言で言えば、国債を発行し、将来投資を行うことである。大きな財政出動をしなければならない。と同時に、消費増税の失敗を元に戻すことも必要だ。

もちろん、筆者のかねてよりの主張は、「増税すべきではない」というものであり、法律上、増税せざるを得ないのであれば、「全品目軽減税率にせよ」というものだった。全品目軽減税率にすれば、形式的には増税したことになるが、実際には増税しなかったのと同じである。

経済悪化の深刻化を防ぐ処方箋としては、「全品目軽減税率＋大型補正」をすべきである。仮に、全品目軽減税率が難しいのであれば、大型補正を超大型補正にする必要がある。

筆者は、この処方箋を新型肺炎対策として考えていたわけではなかった。新型肺炎が起こらなくても、消費増税後の落ち込みから脱するために必要な処方箋だった。しかし、新型肺炎が出てきたことで、いっそう大規模にやらざるを得なくなってきたと思う。

バカなマスコミは、「国債を発行したら、借金が増える」「日本は借金で財政破綻する」と相変わらず言っている。マスコミの記者たちは、数理計算ができず、会計学もわかっていないから、財務省の言うように「資産」を見ないで「借金」だけを見ている。もしかすると、バランスシートというものを知らないのかもしれない。

日本国の現在のバランスシートを分析すれば、財政破綻のリスクは非常に小さいことが計算できる。確率計算すると、5年以内に破綻する確率は1％未満である。

国債を発行し、その資金を使って、災害対策、インフラ整備、技術開発、研究開発、教育投資などの将来投資をして、国の「資産」を増やすべきだ。「借金」が増えても、それ以上に「資産」が増えれば何の問題もない。

財政出動をすれば有効需要がつくられるから、景気の落ち込みもカバーできる。そのうえ、将来に向けた重要な投資にもなる。しかも金利はマイナスである。危機を乗り越えるために、一刻も早く、大規模な財政出動をすべきである。

なお、新型肺炎の情報は刻々と変化している。本書が発売されるころには情報はかなり変わっていると思うが、執筆時点の情報に基づいていることをご容赦いただきたい。

２０２０年２月

髙橋洋一

髙橋洋一、安倍政権を叱る！

目次

第2章　絶対にやってはいけなかった消費増税

第3章　アベノミクスの7年を無駄にするな

第4章　なぜ日本は「低成長国」であり続けたのか

第5章 新型肺炎と東京五輪後の危機突破のために

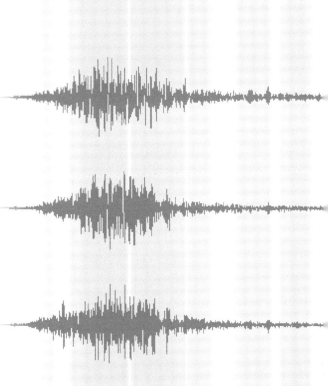

第1章

新型肺炎は安倍政権の「致命傷」か

新型肺炎は「感染症モデル」で予測できる

原稿執筆時点で、新型コロナウイルス感染症（COVID―19）が拡大し続けている。どこまで広がるのか、予測するのはかなり難しい。

しかし、予測する方法がないわけではない。既存のデータをもとに、ある程度の予測はすることができる。

「まえがき」でも少し触れたが、筆者は役人になる前に、統計数理研究所に非常勤研究員として勤めていた。子供のころから数学が大好きだったので、数学オタクの集まる東京大学理学部数学科に入り、その後、統計数理研究所から正式採用の内々定をもらった。空きが出るまでは非常勤ということで勤めていたら、突然別の人が正式採用されてしまい、筆者は就職できなくなってしまった。

周りの人たちが公務員試験を受けるというので、付き合いのような形で公務員試験を受けて合格したので、役人になったというわけである。

当時、大蔵省では「変人枠」と呼ばれているものがあったそうで、筆者も「変人」として採用されたようである。

大蔵省に入ってからも、筆者は数学を生かして仕事をしてきた。

筆者が以前から大蔵官僚（現・財務官僚）たちのことを「レベルが低い」とか「文系バカ」と言っているのは、あまりにも数学的素養がないからである。他の役所ならともかく、財務省というのは、国家の財務や会計を扱っている役所である。財務や会計というのは数字、数学の世界である。

実は、財務官僚たちが「借金で国家財政が危ない」と言ったりしているのも、会計のことをよくわかっていないからだ。消費増税という、この時点においては非常に愚かな政策を実施して、景気を大きく冷え込ませてしまったのも、マクロ経済の数字の動きを理解できていないからである。

話を戻すと、研究所時代に筆者は、感染症モデルの専門家として、感染症の広がり方についての数理研究をしていた。感染症モデルについての論文も書いている。

そのときの知見を使い、２０１５年に韓国でＭＥＲＳ《マーズ》（中東呼吸器症候群）が流行したときには、モデルを立てて計算をした。

筆者は、韓国でのＭＥＲＳの累積感染者数１８５人、累積死亡者数32人と予測した。結果は、累積感染者数186人、累積死亡者数38人で、予測値がほぼ当たっていた。その当時、この予測値に驚いた韓国の会社から依頼がたくさん来た。

筆者は医者ではないことを伝えたのだが、「ぜひアドバイスしてほしい」との依頼を受けて、終息予測を伝えた。

韓国国民は「どんどん拡大するのではないか」とパニック状態のようになっていたが、筆者の予測をもとにした人たちは、終息を見越した準備をした。ビジネスをしている人にとっては、先の予測はとても重要である。

筆者は特別なことをしたわけではなく、疫学の伝播モデルにデータを当てはめて予測しただけである。経済でも医療でも、モデル化してデータ処理をすれば予測が可能になる。統計手法はどれも同じで、分析の対象を変えるだけだ。

中国武漢での感染者数は20万人以上いるはず

今回の新型肺炎についても、統計モデルを使って予測してみた。

中国で公表されているデータが正確な数字かどうかわからないので予測するのは難しい

のだが、ヒントになるデータがある。それは日本人感染者のデータだ。日本政府はチャーター機を手配して、日本人を武漢から帰国させた。このデータ（１便〜４便）が非常に参考になる。

武漢からチャーター機で帰ってきた人は、統計用語で言うと、ランダム・サンプリング（無作為抽出）に近い。作為的に一定層の人を集めたわけではなく、ほぼランダムの人たちと言っていい。

飛行機内は、飛行しているときには内外で空気循環しており、さらに空気清浄システムなどから搭乗中の感染リスクは少ない。飛行機に乗降するときに感染した可能性はあるが、この帰国者たちのデータが参考になる。

日本は帰国者のうち、発症していない人も含めてすべて検査した。発症している人だけを検査をした場合にはデータとして役に立たないが、ランダム・サンプリングした全数を検査したから、非常に良いデータになる。

帰国者の中には中国人配偶者も含まれていた。「なんで、中国人までチャーター便で連れてくるのか？」という意見があったが、ランダム・サンプリングの観点で言うと、中国人が含まれていたことは非常にありがたい。日本人だけだと、中国国内での日本人コミュニティの特殊性が関係してくるかもしれない。例えば、赴任した日本人だけが住んでいる衛生的な高級マンションがあり、中国人とあまり接触しないで暮らしていることもあり得る。サンプルに中国人が含まれていれば、その要素が緩和される。中国人が中国人たちと接触するから、実際の感染状況に、より近くなる。

テレビの視聴率を測定するときには、６００世帯または８００世帯を調査して、全体の視聴率を推定している。統計学上、ランダム・サンプリングをすると、６００～８００くらいのサンプル数があれば、全体の数字を推定できる。それ以上にサンプル数が増えて、1万人、10万人になっても、６００～８００人のときと結果はほとんど変わらない。だから、調査をするときには、６００～８００人くらいをランダム・サンプリングして調べるわけである。

これは、選挙のときの出口調査でもとられている手法だ。有権者全員の投票先を調べているわけではなく、ランダム・サンプリングで調べている。

チャーター便で帰ってきた人は、1便から4便まで合わせて７６３人。このうち12人が感染しているから、１・６％。このくらいのサンプル数の場合は、誤差が±《プラス・マイナス》１％くらいになる（誤差の出し方についての計算式を書いてもいいのだが、複雑になるのでやめてお

図表1 中国のコロナウイルス感染者

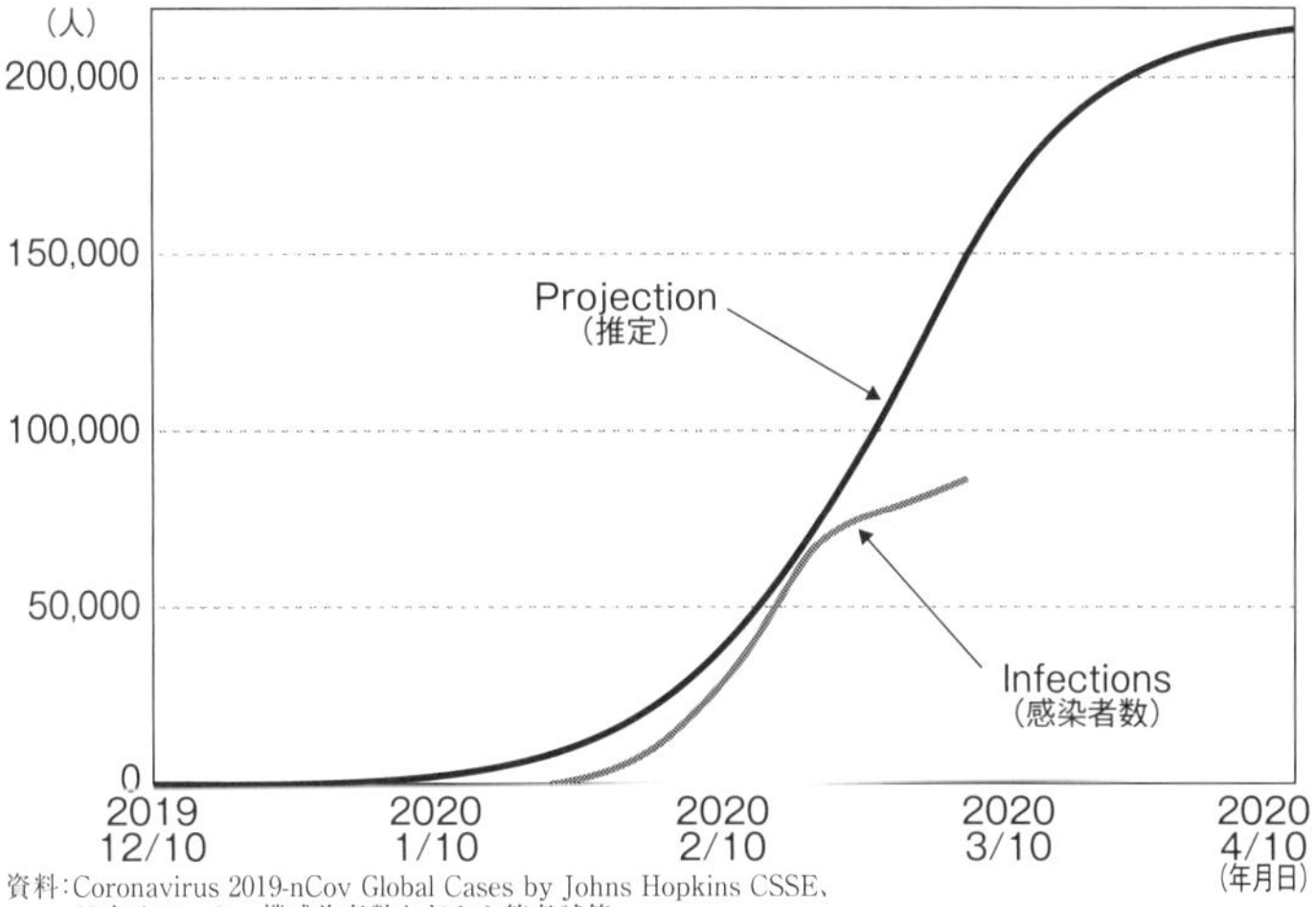

資料：Coronavirus 2019-nCov Global Cases by Johns Hopkins CSSE、日本チャーター機感染者数などから筆者試算

く）。

1・6％±1％だから、0・6％〜2・6％の間が感染率と見込まれる。

この数字に武漢の人口1100万人を掛けると、18万人±11万人になる。7万〜29万人である。

現時点で公表されている武漢の感染者数は7万9000人程度（2月29日時点）だから、もっと増えていくと思われる。実際に把握できる数とは関係なく、統計上は増えていくということだ。

筆者は、武漢市の感染者数は20万人強程度くらいではないかと予測している。

WHOの終息宣言がなされなければ、五輪は？

韓国のMERSの場合は、きちんとデータが発表されていたので予測しやすかったが、今回の新型肺炎は、中国政府が真相を隠蔽していると見られており、正確なデータが少ない。

ただ、中国政府が公表している数字が実態と乖離しているとしても、増加ペースは参考になる。筆者が見ているのは、実際の数字ではなく増加ペースの傾きである。傾きが急角度になっていくのか、緩やかになっていくのかで、感染症モデルのどのくらいのところにいるのかを推定できる。

2019年12月初めに中国で最初の感染者が出たが、当初の中国政府の公表数字をグラフ化してみると、最初の1カ月間のグラフは、感染症モデルから見て明らかにおかしかった。2020年1月に習近平国家主席が正式に認めてから、公表数字が増え、感染者数が増えていった。

最初のころのグラフがおかしなものであったので、かなり隠蔽しているのだろうと推測していた。どこかで発表数字を大きく変えるだろうと思っていたら、中国政府は基準を変更して、２月13日以降に急に数字を増やした。それでなければ、感染症モデルとの乖離が大きすぎて不自然なのだ。

いくら数字を隠蔽しても、専門家から見れば、隠蔽しているかどうかは推測がつく。現時点での中国での増加ペースを加味すると、少なくともあと１カ月くらいは、増加ペースが大きく鈍化しないことが予測できる。つまり、３、４月くらいまでは鈍化しないと見込めるわけである。

３月くらいからは増加ペースは鈍化すると予測されるが、増加ペースが鈍化するだけで、感染者数は増え続ける状況がしばらく続く。３月くらいにペースダウンすれば、４、５月くらいには感染者数は横ばいになるのではないか。

新型コロナウイルスが変異すれば別だが、変異しなければ、少なくとも１～２カ月は拡大が続いていくだろう。こうした予測を前提に、中国経済への影響は３～６カ月だろうと筆者は見ている。

感染症の場合は、終息に向かいつつあっても、ＷＨＯ（世界保健機関）が終息宣言をするまでにはかなり時間がかかる。ＷＨＯは安全を期するために、感染症モデルのグラフの傾きが平らになって、もうこれ以上ほとんど増加しないという状況が1カ月続いた後で、終息宣言をするはずである。したがって、今回の新型肺炎の終息宣言は、6月までにできれば上出来である。

おそらくWHOが終息宣言をするのは、東京オリンピックの前だが、オリンピックの直前では諸々の準備で手遅れなので、2カ月前に中止か否かの意思決定をせざるを得ないという状況を考えると、そういう意味では、東京オリンピックはかなりきついものとなろう。WHOの終息宣言がされていない場合には、少なくともピークアウトしていることは日本がアナウンスしておく必要があるが、はたしてできるかどうか。

致死率が低い感染症は感染力が強い

中国政府は、2019年12月初めに発症事例があったにもかかわらず、ネット上で情報を出した者を処罰している。

2020年2月7日には、中国湖北省武漢市の医師、李文亮氏が亡くなった。同氏は、早い段階から新型肺炎に警鐘を鳴らしたが、中国当局から「デマを流した」として処分を受けていた。同氏への追悼運動も起ころうとしているが、中国当局は警戒している。２０１７年７月に獄中死したノーベル平和賞受賞者の民主活動家、劉暁波氏と同じ動きになることを嫌っているのだ。

習近平主席は、２０２０年１月20日にようやく「断固としてウイルスの蔓延を押さえ込む」と公式に指示を出した。中国で感染者数の数字が出始めたのは、１月20日以降だ。本書執筆時点（２０２０年２月末）で、中国での死者数は２０００人を超えたと発表されている。

中国では２００２年11月から２００３年８月にかけてＳＡＲＳ《サーズ》（重症急性呼吸器症候群）が拡大し、感染者数は中国を中心に８０９６人に上った。そのうち７４７人が死亡し、致死率は約10％だった。

ＭＥＲＳの流行時には、韓国では２０１５年５月から12月の間に感染者数１８６人のうち38人が死亡し、致死率は約20％だった。ＷＨＯによれば、２０１２年９月から２０１９年11月までの世界全体でのＭＥＲＳ感染者数は２４９４人。そのうち８５８人が死亡した。

今回の中国の新型コロナウイルスは、致死率は３％未満とされ、ＳＡＲＳやＭＥＲＳよりも毒性は弱いと言われている。ただ、毒性が弱くても、感染者数が増え続ければ、死者数はある程度増える。致死率が何パーセントであっても、感染者数の一定割合に相当するから、感染者数のカーブと、死者数のカーブはほとんど同じ形を描く。単にスケールが小さくなるだけだ。

一般論で言うと、ＳＡＲＳ、ＭＥＲＳのように致死率が高い感染症は、感染力が低い。致死率が高い感染症は体へのダメージが大きく、体力がなくなって動き回れなくなる。だから、他の人に感染させにくい。

一方、今回の新型コロナウイルスのような致死率の低い感染症は、感染していても体力があまり失われないので、当初は気づかず動き回れてしまう人が多い。だから、どんどん他の人に感染させてしまう可能性がある。

日本では、１例目として、中国人ツアー客を乗せたバスの運転手が発症した。密閉空間で長時間、感染者と同じ空間にいたために感染したと考えられる。その後、国内で次々と感染者が判明していった。

また、これは日本国内の数字ではないが、クルーズ船「ダイヤモンド・プリンセス」号でも多数の発症者が出た。

「ダイヤモンド・プリンセス」号内の感染者数を日本の感染者数に含めて報道したマスコミもあるが、間違いだ。たまたま横浜港に横付けしていただけであって、「ダイヤモンド・プリンセス」号内は、基本的には日本国外である。

中国政府のウソ

新型コロナウイルスの感染者数は日々変わっている。これがどこまで拡大するかはわからない。

「スーパースプレッダー」と呼ばれる、1人で数十人にも感染させる特異な例もあるが、平均的な再生産数（感染者1人が平均して何人の別の人に感染させるか）を抑えられれば、拡大は抑制できる。

感染者数は指数関数的に増えていくわけではない。もし指数関数的に増えるとしたら、あっという間に地球上の人口を超えてしまう。これはあり得ない。

指数関数的な増加をイメージをしている人は、「世界の破滅」のように思うかもしれないが、実際の感染者数は、ロジスティック曲線になる。途中までは指数関数的に増えていくような感じだが、あるところで変曲点があり、そこから先は、増え方が鈍っていく。最終的にはもう増えなくなり、一定のところで止まる。

例えば、1人が2人に感染させ、その2人がそれぞれ2人ずつに感染させると、指数関数的に感染者数が増える。1、2、4、8、16……。しかし、病気の場合は死亡する人が出てくる。途中までは指数関数的に感染者が増えていくが、たくさん死亡したり、行動できなくなっていくから、感染ペースが落ちてくる。極端に言うと、世界の人が全員死んでしまうレベルに近づけば、感染者数の増加率はゼロになるということだ。

現実には、そんな極端なことは起こらない。ある時点で隔離政策が行われる。そうすると、他者との接触率が減って、1人が感染させる平均的な人数が1を切る。1を切ると、急速に伸びが弱まっていく。

再感染率が1を超えている場合は、急速に感染者数が増え、再感染率が1を下回ると、感染者数が伸びなくなり感染症は終息していく。

こういう性格がわかっていると、対策も簡単にわかる。その対策というのは、「隔離政策」である。発生初期段階で隔離政策をするのが一番有効である。

感染者を隔離して人との接触をなくし、1人が感染させる人数を1より抑え込めば、終息していく。一番必要だったのは、中国政府が隠蔽などせずに、すぐに武漢で隔離政策をすることだった。

平均的な数字も重要であるが、個々の人を見ると、１人で20人、30人に感染させるスーパースプレッダーもいる。そういう人たちが平均値を高めてしまう。これが非常に困るのだが、誰がスーパースプレッダーかはわからない。

行動力のある人が歩き回ってスーパースプレッダーになってしまうことがあるから、とにかく閉じ込めて、隔離するしかないわけである。

中国政府が正確な数字を発表してくれれば、ロジスティック曲線がつくれるから、どのくらいで終息していくかも予測できる。こういうときには、各国政府が正確な数字を発表することが一番重要なことである。

中国政府は隠蔽を図った可能性が高いが、検査が追いつかないから数字が低めに出ていた可能性もある。

中国政府は「人から人への感染はない」としていたが、これがウソだということは、筆者はすぐにわかった。なぜかというと、院内感染が起こったからだ。病院で医者が感染したのは、人から人へ感染が起こった何よりの証拠だ。

院内感染がわかっていたのに、中国は感染者を自宅に帰してしまった。これは最悪の対応だ。院内感染がわかったら、絶対に病院外に出してはいけない。病院内で隔離するしかない。

病院の外に出したら、次々と感染することは目に見えている。武漢のような人口集中地域では、どんどん広がっていく。震源地で隔離政策をしない限り、広がりを抑えることはできない。

入国制限をしなかったのは大きなミスだ

中国政府の動きが鈍いため、各国は、水際措置を強化した。

中国滞在者の入国拒否は、アメリカ、シンガポール、オーストラリア、ニュージーランド、フィリピンなどで行われた。湖北省滞在者などの入国・入境拒否を実施したのは、日本、韓国、香港などだ。中国人向けビザの発給停止・制限は、シンガポール、ロシア、ベトナムなど。鉄道、航空便の運航停止は北朝鮮、イタリア、イスラエル、ロシア、インドネシアなどが行った。

ＷＨＯのテドロス事務局長は、各国で中国への渡航歴のある人の入国拒否などが相次いだことについて、「公衆衛生上の意味はあまりなく、不安や悪いイメージを助長する恐れがある」として自重を求めた。中国政府もこのＷＨＯ見解を理由として、制限した各国を非難した。

公衆衛生とは、ＷＨＯの定義によれば、「コミュニティの組織的な努力を通じて、疾病を予防し、生命を延長し、身体的、精神的機能の増進をはかる科学であり技術である」とされている。

公衆衛生と異なる概念として臨床医学があるが、これは１人の患者を対象として病気の診断や治療を行うものだ。一方、公衆衛生は、疾病の背後にある社会的な環境要因を見て疾病対策を考え、国や国際社会という大きな目で見るものであり、費用対効果を考えて評価する。

中国が厳格な隔離政策をしてくれなかったため、他国は、入国させない水際対策をとるしかなかった。

水際対策としては、潜伏期間中ずっと留め置くこととしかない。動植物検疫体制と同じことをするわけである。

筆者は、かつて犬を飼っていた。もう亡くなってしまったが、アメリカから連れてきたときには、狂犬病の潜伏期間である2週間、動物検疫所に留め置かれた。隔離されたので、筆者と家族は2週間にわたって毎日出かけていって、「よしよし、大丈夫、大丈夫」と頭をなでてあげた。

日本には狂犬病がないから、日本からアメリカに犬を連れて行く場合は、「ワクチンを射っています」という証明書を見せれば、アメリカでフリーパスだ。逆に、狂犬病が残っているアメリカから日本に犬を連れてくる場合は、いろいろなワクチンを射っていたとしても、検疫所で潜伏期間は留め置かれる。

動物に対してやっている検疫を人に対してやれば、水際で食い止められる。しかし、現実には中国から来た人全員を、水際で2週間留め置くことなどできない。本来は、初期段階で武漢で隔離してもらう必要があった。それでなければ、他国で実施しているような入国制限を日本でもやるべきだった。後述するように、今回は、日本政府の初動ミスもあり、できなかったのは残念だ。

入国時にサーモグラフィのセンサーで体温を調べたりしているようだが、潜伏期間中は熱が出ないから、調べてもあまり意味がない。

要は再感染率を減らすこと

一般論として言えば、人や物資の移動制限は、その費用などマイナス面を考慮すると必ずしも有効ではない。移動制限をするより、感染者との濃厚接触を避けて、手洗い・消毒を徹底するほうが、より感染防止効果が高いからだ。

ただし、感染力が強いなど特定の状況下においては、移動制限も一時的に有効であることはＷＨＯも認めている。

経済面でのマイナスという観点から見ると、感染の初期段階において、感染者が特定できず、将来どの程度病気が拡大するかの不確実性が高い場合は、経済活動が著しく阻害されてしまう。

その点、人や物資の移動制限には不確実性を減少させる働きがあり、費用対効果の面からも正当化できる。

「第三国経由での入国などもあるため、完璧な移動制限はできないから無意味」という意見もあったが、感染を少しでも防ぎ、再感染率を減らせればいいのである。入国制限をすり抜ける人数は程度問題であり、1人でも例外があれば無効というのは非科学的だ。

中国国内でも結局は移動制限が行われた。感染経路も治療法もわからない、という不確実性ばかりの感染症拡大の初期段階では、移動制限がほぼ唯一の対策である。いろいろなことがわかってくれば、移動制限のコストパフォーマンスが悪くなるので、別の手段が有効になる。

中国は移動禁止政策をしているから、武漢の中での感染者は増えていき、中国の他の地域の上昇率は抑えられる。

日本政府もWHO同様に動きが鈍かった

2月11日にWHOは、新型コロナウイルスによる疾患について「COVID—19」(Coronavirus disease 2019)と名づけた。武漢とか中国といった言葉が使われないのは、差別につながるから避けるというルールがある。

台湾は個人の資格でWHOに参加している。WHOは中国が支配的だから、台湾排除をし続けてきた。国際機関にはよくありがちだが、金を払っている国が、結果的に力を持つことになる。ＷＨＯの場合は、人口の多い中国が多くの金を出しているから、「ＷＨＯは、中国の言いなり」とも言われている。

台湾でも新型コロナウイルスによる死者が出ているから、本来は、中国は台湾ともうまく連携をとるべきだった。

ＷＨＯの対応は、傍目に見ておかしかった。どこか中国政府に配慮しているようで、動きが鈍かった。

当初は、ＷＨＯは「現時点では、国際的に懸念される公衆の保健上の緊急事態を宣言するような事態には至っていない」としていた。その間に、東京や大阪、京都などには春節で数多くの中国人が来ていた。

筆者は対岸の火事ではないと思っていたので、日本語で読める『人民日報』のサイトとＷＨＯのサイトをずっとチェックしていた。中国政府が情報を隠蔽していたであろうが、それでも、『人民日報』で新型コロナウイルス関連の記事が増えていることが気になっていた。

ＷＨＯの動きが鈍いのと同じく、日本政府の動きも鈍かった。

日本では、１月15日に最初の感染者が確認された。武漢への渡航歴のある男性だった。

16日に厚生労働省が公表し、政府は関係省庁連絡会議を開催した。ここが日本政府にとっての初動である。

この時点では、まだ中国で習近平主席が公式に指示を出していなかったから、日本政府も危機意識が足りなかったのかもしれない。

1月20日に習近平主席が公式に指示を出し、いよいよ大きな問題であることが明らかになった。筆者は、1月22日のラジオ番組（「飯田浩司のOK！ Cozy up！」ニッポン放送）で「初動が重要で、隔離政策しかない」と発言した。

まずは震源地の中国で対策してくれないと、他国が水際で防ぐのは限界がある。日本には中国人観光客がたくさん来ているわけだから、防止するのは難しい。特に、直行便ではなく、第三国経由で日本に入ってくる人は防ぎようがない。潜伏期間が長いとすぐに症状は出ないから、いっそう大変である。

しかし、習近平主席が公式に認めた以上、日本政府もすぐに対応すべきであった。こうした感染症は初動がすべてだ。

なぜ指定感染症の「施行」を遅らせたのか

政府は、１月28日に指定感染症として定める政令を閣議決定したが、施行日が10日後の2月7日になっていた。これには筆者も驚いた。こういう類いのものは、即日施行が当たり前である。

１月29日にチャーター便が戻ってきたときに、大半の人が政府の用意した宿舎に留まったが、帰宅した人もいて、後にその人が感染していたことが発覚した。１月28日に即日施行していれば、留め置くことができた。政府は、完全に対応の初動ミスをした。

わりと分厚い政令であったから、かなり前から準備していたと思われる。政令を閣議決定するには、内閣法制局による法令審査が必要だ。実際の政令が官報に掲載されているので見てみたら、５ページもある。ほとんどが技術的な読み替え規定（別の事柄に関する政令の字句を読み替えて適用すること）だ。

感染症対応には前例があるとはいえ、内閣法制局による法令審査にもそれなりの時間がかかっただろう。内閣法制局は極めて几帳面だが、非常事態にはスピード優先の対応でいかねばならない。

法制局が慎重な法令審査をするにしても、まだやれることはあった。

一般に、政令の公布日と施行日が異なるのは、罰則などの周知期間や行政側の準備期間が必要だからだ。内閣法制局による審査の時間が必要だったなら、厚労大臣が事前に新型肺炎を感染症法上の指定感染症に定めると宣言すればよい。これで一定の周知期間を確保できるので、政令の交付即施行が可能になる。

ちょっと頭を使えばいいものを、厚労省は漫然とやっていたと言わざるを得ない。28日の閣議決定の前日の27日に総理からアナウンスとは、ちょっと間が抜けている。あれだけの分量の政省令ならスタートはかなり早かったはずであり、そのときに厚労大臣が宣言しておくべきだった。そして、28日に政令公布・即施行すべきだった。

厚労大臣が早めにマスコミに対して、「政令を28日を目途に出します」と言えばよかったのだ。そうすれば、マスコミは書き立てる。テレビも大々的に報道する。十分に世の中に周知されているわけだから、即日施行ができた。政令発表から10日間も周知期間を設けるような悠長なことをしている場合ではなかった。

結果的には、施行日は2月1日に前倒しされた。WHOの動きが遅かったのも原因であるが、それでもＷＨＯは１月31日にようやく重い腰を上げ、新型肺炎で非常事態宣言を出した。そこで、日本政府も政令を改めて、施行期日を２月１日に前倒しした。

所管大臣が政令発表前からマスコミを使って周知させればよかったのである。すでに政令案が書かれていて、法制局に行っているわけだから、政令公布日前から十分に対応できたはずだ。

さらに言えば、感染症指定には、１類、２類など危険度に応じた段階がさまざまある。一番強力な政府の対応は１類指定であるが、新型肺炎は２類指定された。

これまでの事例や情報に基づいて指定されたのだろうが、２類指定だと、隔離・停留・検査・無症状病原体保有者への適用ができない。実際に日本でも無症状感染者が出たのであるから、万全を期すためにも、１類に指定すべきであった。

次期首相候補の１人と目されている加藤勝信厚労大臣は、リーダーシップを発揮できなかった。危機管理のときにいかにイニシアチブをとれるかが政治家の肝である。加藤大臣は筆者とは財務省の同僚で温厚なナイスガイだが、非常に残念な対応だった。

最初に隔離して、２週間くらい留め置くのと、自宅に帰すのとでは、その後の結果がまったく違ってくる。感染症対応は、初動がすべてである。初期段階での移動制限というのは、効くのである。

中国やＷＨＯは、移動制限は意味がないかのようなことを言っていたが、初期段階の移動制限は有効である。

初期段階ではわずか1日の差でも非常に大きい。まして10日間というのは大きすぎる。施行期日を遅らせたことが、初動の最大のミスである。施行日を遅らせたことで、さまざまな対応が後手後手になってしまった。

小泉環境大臣の閣議欠席は論外である。

「ダイヤモンド・プリンセス」号は入港拒否できた

各国は1月末から、中国からの移動制限を実施している。例えば1月29日には英国の航空会社が中国発着便を全便欠航し、オーストラリア政府も武漢からの帰国者を隔離した。アメリカは1月31日、中国への渡航経験のある外国人の入国を禁止した。こうした措置はオーストラリア、イスラエル、ニュージーランド、シンガポール、マレーシア、フィリピンなどでもとられた。

さらに1月29日にネパールが、1月30日にロシアが、中国との国境を閉鎖した。同じ措置はモンゴルやカザフスタンでもとられた。

こうした移動制限とともに、多くの国で中国に対するビザの制限も実施された。当然のこととして、中国と地理的に近い日本でも、同様の移動制限措置がとられてもよかった。指定感染症として閣議決定をしていれば、当然それを根拠に移動制限ができたはずだ。

しかし、指定感染症に関する政令の施行が2月7日と、10日後の見通しで、それまで身動きが取れなかった。結局はＷＨＯの非常事態宣言を受けて、施行は2月1日に前倒しになったが、強力な移動制限措置はとられていない。2月1日に湖北省に滞在した外国人の入国拒否を決め、2月13日に同じく浙江省滞在者も入国拒否とした程度だ。

この対応の遅さによる実害が、「ダイヤモンド・プリンセス」号での船内感染だろう。もし1月28日に1類指定感染症に指定され、感染の疑いがある人の入国を拒否できていれば、「ダイヤモンド・プリンセス」号の横浜入港も拒否できていた可能性が高い。

というのも、「ダイヤモンド・プリンセス」号は1月20日に横浜を出発し、25日に香港で下船した乗客が新型肺炎に感染していることがわかった。その後、横浜に戻ったのが2

月3日なので、拒否できたのだ。

実際、感染者が乗船しているとされたクルーズ船「ウエステルダム」号は、日本やタイ、フィリピンなどで入港を拒否され、最終的にカンボジアに入港している。

こう指摘すると、「人道的に問題がある」と言われるかもしれないが、これが国際社会の現実だ。「ダイヤモンド・プリンセス」号は、船籍はイギリス、運営会社はアメリカなので、日本に寄港させなくても日本が非難を受ける立場ではなかったのだ。

国際法の観点では、「旗国主義」と言い、船籍を有するイギリスに主たる責任がある。日本が入港を拒否すれば、イギリスと香港との交渉になるはずだ。日本人乗客が多いといっても、どこかの寄港地に着いたら、日本政府がチャーター船を出し、日本人を救出に行くだけだ。

「ダイヤモンド・プリンセス」号での感染拡大は悲劇であるが、国際社会から見れば、日本の移動制限があまりに緩かったため、日本で起きた事件とされてしまっているのが実情だ。

もちろんWHOの統計では、「ダイヤモンド・プリンセス」号での感染者は「その他」に分類され日本の感染者には計上されていないが、海外の受け止めとしては「日本政府の不手際」になっている。返す返すも残念だ。

今となっては、中国からの入国制限をしても手遅れだ。危機対応はタイミングが重要なのだ。安倍政権にこうした件で目端が利く人材がいなかったことが悔やまれる。

安倍政権、とりわけ加藤厚労大臣の決断力のなさ

政治家は、こうしたときに決断するのが役目である。

制度はいろいろな法律、政令、規則などで成り立っているが、危機対応のときにそのままズバリ当てはまるものがあるとは限らない。もちろん、いろいろな可能性が想定されていれば問題解決は簡単であるが、そうでもない場合も少なくない。そのときこそ、政治家の出番である。有事にあたって決断を下し、結果次第で、選挙によって責任を判断されるのが彼らの仕事だ。

そうした観点から見ると、安倍政権、とりわけ加藤勝信厚労大臣の決断力のなさは痛かった。１月28日に感染症指定政令の施行、１類指定、入国制限を行っていれば、事態は大きく変わっていたに違いない。

今さら言っても仕方がないが、理想的なことを言えば、1月15日に最初の国内感染者が確認され、20日に習近平主席が公式に宣言したわけだから、すぐに対応を始めて25日くらいには政令施行するくらいのスピード感が必要だった。

すでに中国の経済は落ち込んでいた

中国経済は、米中貿易戦争でGDPの伸びが低下していた。そこに新型肺炎が加わった。武漢は事実上封鎖され、工場の稼働も止まったので、経済活動は落ち込んでいる。移動制限もあり消費も落ち込んだ状態だ。

中国のGDPのうち消費は約4割を占める。なかでも新型肺炎騒動で影響を受けやすいのが食品、交通、教育・文化・娯楽など5割程度だ。これらが1割減になると、GDPは2%低下する。

SARSの直撃を受けた2003年4〜6月期の中国のGDP成長率は9・1%で、直前の1〜3月期(11・1%)から2ポイントも落ち込んだが、それは第1四半期だけだった。

今回の新型肺炎は、２００３年のＳＡＲＳより長引く可能性が高く、中国ＧＤＰへの影響は２００３年より大きいだろう。

２０１９年のＧＤＰ成長率は米中貿易戦争の影響もあって６・１％まで下がったが、この数字がさらに落ちるのは間違いない。

現状は２００３年当時と比較にならないほど、中国人の国内移動が盛んなので、経済損失はもっと大きくなるだろう。感染者数はすでにＳＡＲＳを超えている。

筆者は、３月に予定されていた全国人民代表大会（全人代。国会に相当）で公表される２０２０年のＧＤＰ成長率目標値に注目していたが、全人代そのものが延期された。２月上旬に全人代に先立って地方レベルの人民代表大会が開催される予定だったが、次々に延期されていたため、全人代の延期もある程度予想していた。

全人代というのは、ＧＤＰを決めるためにやるようなものだ。地方のＧＤＰを決めないと、中国全体のＧＤＰを決められない。したがって、地方の人民代表大会が延期されていたから、全人代が延期されたのは当然だろう。

発表は延期されたが、中国の２０２０年のＧＤＰ成長率目標は、２０１９年の目標６～６・５％を３％台に大幅に引き下げても不思議ではない。

新型肺炎拡大を受けて、中国人民銀行（中央銀行）は2月3日に、金融市場に1兆2000億人民元（約18兆7000億円）を供給している。

日本との関係で言えば、習近平主席の来日は難しくなったと見るべきだろう。海外首脳はいきなり来日するわけではなく、それまでに外交文書をたくさんつくらなければならない。最終的に、来日した首脳が調印して正式な外交文書が完成する。

外交文書をつくるために、2カ月くらい前に先遣隊が来て、いろいろなことを議論するのが通例だが、その先遣隊が来なかった。2月中と予定されていた中国外交担当トップの楊潔篪《ようけっち》中国共産党政治局員の日本訪問が延期されたと報じられている。準備ができていないということは、来日がズレると見ていいのではないか。3月に全人代ができなかったので、来日も難しいだろう。

4月上旬には、感染者数の増加は鈍化しているとしても、まだ終息宣言はとても出せる状況ではないはずだ。習近平主席の訪日は中国の国内事情からかなり難しいと言わざるを得ない。

もっとも、この話は日本側から持ち出せることではないので、表面上は、習主席の訪日日程は予定通りとされ、直前になって中国側から延期が発表されるだろう。

なお、過去の例から見れば、中国の国家主席は国賓扱いだ。政府は、「習氏を国賓として迎える方針に変わりはない」とする答弁書を閣議決定したが、国賓の招聘や接遇に関する閣議決定はまだ行われていない。習主席の訪日は、公式には一切決まっていない。

訪日が延期になったとしても、中止とまではならないはずだ。オリンピックも正直どうなるかわからないが、他国の首脳も来日するようになったら来てもらうことになるかもしれない。

世界経済への影響は？

新型肺炎による世界経済へのダメージは避けられない。

ＳＡＲＳの際、中国経済の落ち込みは短期的で、世界経済への影響は０・１％にとどまった。２００３年の名目ＧＤＰの中国のシェアは４・３％だったが、２０１８年には15・7％と、影響力は4倍程度だ。

中国人の世界での往来も、ＳＡＲＳのときとは比べものにならないくらい増えたが、感染拡大に対処するため、中国から入国制限を実施する国は60カ国を超えている。また、中国はすでに世界の中での重要なサプライチェーンに組み込まれており、サプライチェーンの1つが切れるという問題にもつながる。世界経済は確実に影響を受けるので、その対策も抜かりなく必要だ。

国際通貨基金（IMF）は2020年の世界経済成長率見通しを3・3%としているが、少なくとも0・4%以上引き下げて、2019年の2・9%よりも低い水準まで見直すかもしれない。

こうした世界経済の成長悪化懸念を受けて、IMFのゲオルギエバ専務理事は、主要中央銀行には「2020年中は金融緩和を維持すべきだ」と求めた。米連邦準備制度理事会（FRB）では利下げ観測が再浮上するなど、各国は経済の落ち込みに備えた政策対応を進めている。

中国依存の韓国、北朝鮮は深刻な状況に

新型肺炎によって韓国経済はかなり苦しい状態に陥っている。文在寅大統領は反日姿勢を強め、中国に片寄せしてしまった。

その結果、韓国企業のサプライチェーンは中国依存度が高まった。中国での新型肺炎は、韓国企業には大きな影響がある。現代など韓国の自動車メーカーへの影響は、日本の自動車メーカーの比ではない。日本の自動車メーカーは、いくつかの流通ルートを持っているが、韓国企業は中国依存度が高い。

日本に泣きついてくるかもしれないが、これまで日本製品の不買運動をしていたわけであるから、状況をよく見て対応したほうがいいと思う。韓国では、４月に総選挙がある。文政権はそこで審判を受けるが、韓国国民の政権への反応を見極めてから日本は対応すればいい。それまでに何かをする必要はないというのが筆者の考えだ。

北朝鮮では「感染者ゼロ」とされている。北朝鮮のことはよくわからないとはいえ、この数字はかなり怪しい。

新型コロナウイルスによる感染症は、中国との往来がどのくらいあるかによって、ある程度推計できる。日本は、中国人観光客が多く、往来が多い国だが、北朝鮮もかなりの往来があると見られる。北朝鮮が中国との交通を遮断しているのは事実であるが、普段から中国と北朝鮮は緊密に人的交流をしているので、感染者が北朝鮮に入っていなかったとは考えにくい。

北朝鮮の隣の遼寧省、吉林省、韓国にたくさん感染者がいるのに、地続きの北朝鮮がゼロということはあり得ない。

栄養事情の悪い北朝鮮では、新型肺炎の拡大は国家としての非常事態である。もしかすると最近、北朝鮮の動きが目立たないのは、新型肺炎の予防に必死なことが主たる理由かもしれない。

北朝鮮での感染者がゼロというのは、北朝鮮は検査をしていないか、検査ができないからだと思う。検査キットはほとんど持っていないかもしれない。検査しなければ、感染者数はゼロである。

日本は医学の発達した国であり、感染していない人も含めて調査が行われている。そのため、周辺国の中では感染者が多く報告されている。中国の周辺国で何人の感染者が出ているかを見ると、日本のようにきちんと調べている国は、多数の感染者数が公表されている。北朝鮮の場合は、調べていないか、公表できないのだろう。

新型肺炎の問題は北朝鮮経済に甚大な影響を及ぼす。北朝鮮は国連が経済制裁をしても、中国がこっそり助けていたとされる。中国との密輸でもっていたような国だ。その中国との交流が封鎖されてしまうと、北朝鮮はもたない。国連の経済制裁よりはるかに大きなインパクトがある。

かといって、中国と交流すれば北朝鮮にウイルスが蔓延する可能性が高い。栄養状態の悪い北朝鮮では新型肺炎での死亡率が他国より大きくなるかもしれない。北朝鮮にとっては、新型肺炎は非常に大きな問題である。

日本経済への影響は？

では、肝心の日本への影響はどうか。

２月17日に発表された、２０１９年10—12月期ＧＤＰ速報（１次速報）は、マイナス６・３％（実質、年率）という惨憺たる結果だった。ここには、新型肺炎の影響は含まれておらず、10月からの消費増税による経済の悪化である。

２０２０年１—３月期ＧＤＰ速報は、５月中旬に発表されるが、消費増税で落ち込んだところに追い打ちをかけるように、新型肺炎の悪影響が出てくる。10—12月期より、さらにどのくらい下がるのかによるが、四半期２連続で下がると、ダメージ感はかなり大きくなる。

中国政府は、国外旅行を含むすべての団体ツアーを1月27日から一時禁止した。団体旅行・パック旅行で来日する中国人観光客は全体の約4割に上る。経済より健康が優先であるから、やむを得ないとはいえ、観光業や食品業など来日ビジネス関係者には大きな痛手である。

観光客数の減少ははっきりとわかる。筆者は毎週2回ほど銀座に行くが、昨年12月ごろは中国からの団体客でごった返していたのに、その後は、まったく人がいなくなってしまった。

これまでの中国人の消費動向から見て、観光面などで年率マイナス0・2％程度の落ち込みが予想される。

そこに、サプライチェーンの切断の影響が加われば、日本経済にもかなりの打撃になるだろう。

サプライチェーンの影響はなかなか読み切れない。中国での生産が止まり、部品が入ってこなくなると、どのくらい日本経済に影響を及ぼすかは、予測が非常に難しい。日本の自動車メーカーは、以前に痛い目に遭っているから対応ができていると思うが、電子機器に関しては、メーカーによって対応がまちまちだ。

筆者はパソコンオタクであり、しばしば秋葉原を徘徊するが、パソコンや電子機器の部品が中国から入ってこなくなって、いろいろと支障が出始めているようだ。中国からの部品の多くは重要部品ではないが、それでも入手できないと、各種の工程で支障が出るものだ。

中国でＳＡＲＳが拡大したときには、サプライチェーンへの影響は３カ月くらい続いた。今回の新型肺炎は、３カ月では終息しそうにないから、半年くらいは影響が出るかもしれない。ＳＡＲＳのときよりは影響が大きくなりそうだ。

新型肺炎によって経済的打撃を被る産業に対して、緊急融資や厚めの資金供給を行い、資金繰りの手助けが最低限度必要だ。消費増税による景気の落ち込みの後なので、業界によっては厳しい展開になるかもしれない。

新型肺炎によって世界経済が大恐慌に向かうとは思わないが、日本はすでに消費増税で経済が弱体化していることを考慮し、５月中には２０２０年度補正予算を出して万全の対応をしなければいけない。

政変が多い子年と五輪開催年、安倍政権はどうなる?

2020年2月に発表された各新聞社の世論調査で、内閣支持率は軒並み下落した。これについて一部マスコミは、「桜を見る会」などに対する安倍総理の国会対応を原因だとしている。

しかし、筆者の見立てはそうでない。消費増税がもたらした景気への悪影響や、新型肺炎への対応が後手後手に回ったことが原因だ。

一部マスコミや野党支持者はもともと安倍政権を支持していないので、彼らがこれまでと同様の批判を繰り返しても、支持率には大きな影響を与えない。

支持率の低下は、これまで支持していた人が不支持に回ったときに起きるもので、多くの人が関心を持つ消費増税の悪影響や新型肺炎への対応は、支持から不支持への転換のきっかけになりやすい。

消費増税の悪影響については次章で述べるが、新型肺炎への政府の対応については、筆者を含め、多くの人ががっかりしたと思う。

筆者は一部で「安倍総理の御意見番」などと呼ばれ、「安倍政権支持者」と見られているようだが、そうではない。筆者はイデオロギーには関心がなく、データとファクトで政策を評価するのみで、今の安倍政権には「もう黙っていられない」という心境だ。

安倍政権は、これまで危機対応に関してはそれなりにうまくやってきた。例えば、災害や北朝鮮のミサイル発射への対応は迅速だった。

しかし、今回の新型肺炎は、そうではなかった。さまざまな対応が後手に回ってしまった。新型肺炎が日本経済と安倍政権の「致命傷」になってしまう可能性もある。

政界では、子年《ねずみどし》と日本でのオリンピック開催年には政変が多いとされている。戦後に子年は６回あったが、このうち、５回は首相が交代している。

１９４８年　片山哲首相→芦田均首相→吉田茂首相
１９６０年　岸信介首相→池田勇人首相
１９７２年　佐藤栄作首相→田中角栄首相
１９８４年　首相交代なし
１９９６年　村山富市首相→橋本龍太郎首相

2008年　福田康夫首相→麻生太郎首相
2020年　？

戦後75年間での首相は33人いるから、2・5年に1回交代している。確率的に見ると、2・5年に1回しか起こらないことが、6回のうち5回起こっているのだから、けっこう珍しいことである。6回のうち、2〜3回首相交代が起こっているのであれば、ほぼ確率通りだが、5回というのはかなり多い。

また、日本で開催されたオリンピック年を見ると、

1964年　東京五輪　池田勇人首相→佐藤栄作首相
1972年　札幌五輪　佐藤栄作首相→田中角栄首相
1998年　長野五輪　橋本龍太郎首相→小渕恵三首相

夏期・冬期を合わせて日本で3回オリンピックが行われたが、3回とも首相が交代している。3回のオリンピックイヤーのうち、1回首相が交代していても、それは確率的に普

通だが、３回中3回とも交代しているのは、非常に珍しい。

子年で、オリンピックイヤーの場合は、過去のデータから見ると、首相が交代する確率が高い。ジンクスという言い方もできないこともないが、確率論で見て、確率が少ないことが重なるときには、「何かが起こりそうだ」と予測しておいてもおかしくはない。

そこで重要なのが、東京オリンピックだ。これまで近代オリンピックは3回中止されたことがある。１９１６年＝ベルリンオリンピック、１９４０年＝東京オリンピック、１９４４年＝ロンドンオリンピックで、いずれも戦争のためだった。もちろん公衆衛生上の理由による中止の例はない。

今のところ、主催者である国際オリンピック委員会（ＩＯＣ）は開催中止を検討していないと公言している。形式的に言えば、ＩＯＣは開会式当日まで中止の判断ができる。しかし現実問題としては、各国選手団はトレーニング・キャンプのために大会が始まる前に日本に入国したり、代替候補地でのオリンピック準備の時間も必要なので、２カ月ほど前に中止決定しないとまずいだろう。もちろん、この決定時期はＩＯＣ次第である。

ただし、数カ月延期というのはあり得ないだろう。というのは、ＩＯＣの収入の半分ほどはテレビ放送料であり、その半分はアメリカからだ。そこで7月末からの開催を数カ月ずらすというのは、アメリカのスポーツシーズンにぶつかるので、あり得ないだろう。そもそも夏の暑い時期にオリンピックが開催されるのは、こうした欧米でのスポーツ事情を考慮したうえでの決定だったことを思い返すべきだ。

ＩＯＣはビジネスとしてオリンピック運営を考えているので、欧米諸国の間に日本での開催は困るという雰囲気が出始めたら、けっこうあっさりと他国開催に切り替える可能性もゼロではない。5月からのロンドン市長選において、東京の代わりにロンドンで引き受けるという候補者が出ているのは、こうした国際情勢を先読みしているのだろう。

もっとも先述のように、これまでのオリンピックで公衆衛生上の理由による中止はない。２０１６年のリオオリンピックでも、ジカ熱が大流行した。ジカ熱のときもＷＨＯは２０１６年2月に緊急事態を宣言したが、リオオリンピックは開催されている。ただし、ジカ熱は多くの人に感染したものの死亡例はないとされ、日本での感染症法上の扱いは危険度の低い4類指定だ。

いずれにしても、ＩＯＣが東京オリンピックの一定期間前に中止を決める可能性は、今の段階でゼロとは言いきれない。そのときに、ＷＨＯが終息宣言できない可能性があり、欧米諸国から参加拒否の可能性は一定程度あると言わざるを得ない。

もし東京オリンピックが中止になれば、その場合の経済損失は大きい。東京都のオリンピック経済効果試算によれば、２０１３年から２０３０年までの18年間で、経済効果は約32兆円とされている。32兆円の内訳はオリンピック前の８年間でインフラ整備等21兆円、オリンピック後の10年間で五輪関連イベント等11兆円だ。

この試算で計算すると、オリンピック前はインフラ整備で１年当たり２・６兆円、オリンピック後は関連イベントなどで１・１兆円となり、オリンピック前と後で１・５兆円減少するので、五輪後の景気は落ち込むと考えてもいい。しかし、オリンピック中止になると、さらに落ち込みが大きくなる、つまり関連イベント分１・１兆円がなくなり、オリンピック前と比べてマイナス２・６兆円になる。これは、４月以降のＧＤＰもマイナスになるかもしれない。

消費増税、新型肺炎、そのうえオリンピック中止となったら、強烈トリプルパンチによる日本への大打撃で、安倍政権ももつまい。

今年は安倍政権に何かが起こるかもしれない。

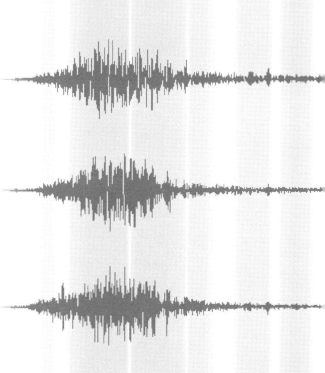

第2章

絶対にやってはいけなかった消費増税

やはり「消費増税」は大失政だった

２０１９年10―12月期の国内総生産（ＧＤＰ、季節調整値）の１次速報値は、物価の変動を除いた実質で、前期比マイナス１・６％、年換算でマイナス６・３％となり、５四半期ぶりにマイナスとなった。

筆者はこうなることを予測して、たびたび警告を発してきた。根拠となる数字を示して「消費増税は絶対にすべきでない」と繰り返し発言してきた。

はたして筆者の警告は無視され、消費増税されてしまったわけだが、それにしてもひどい数字である。

内訳の動きを見ると、民間消費11・０％減、民間住宅10・４％減、民間企業投資14・１％減、公的需要１・７％増、輸出０・４％減、輸入10・１％減と、民間部門は全敗の状況だ。

民間部門と公的部門に分けると、民間需要が11・１％減とひどい状態で、それを公的需要の１・７％増で少し戻しているという状況だ。外需でも多少戻しているが、民間のほう

図表2 GDP下落ワースト5（1994年～）

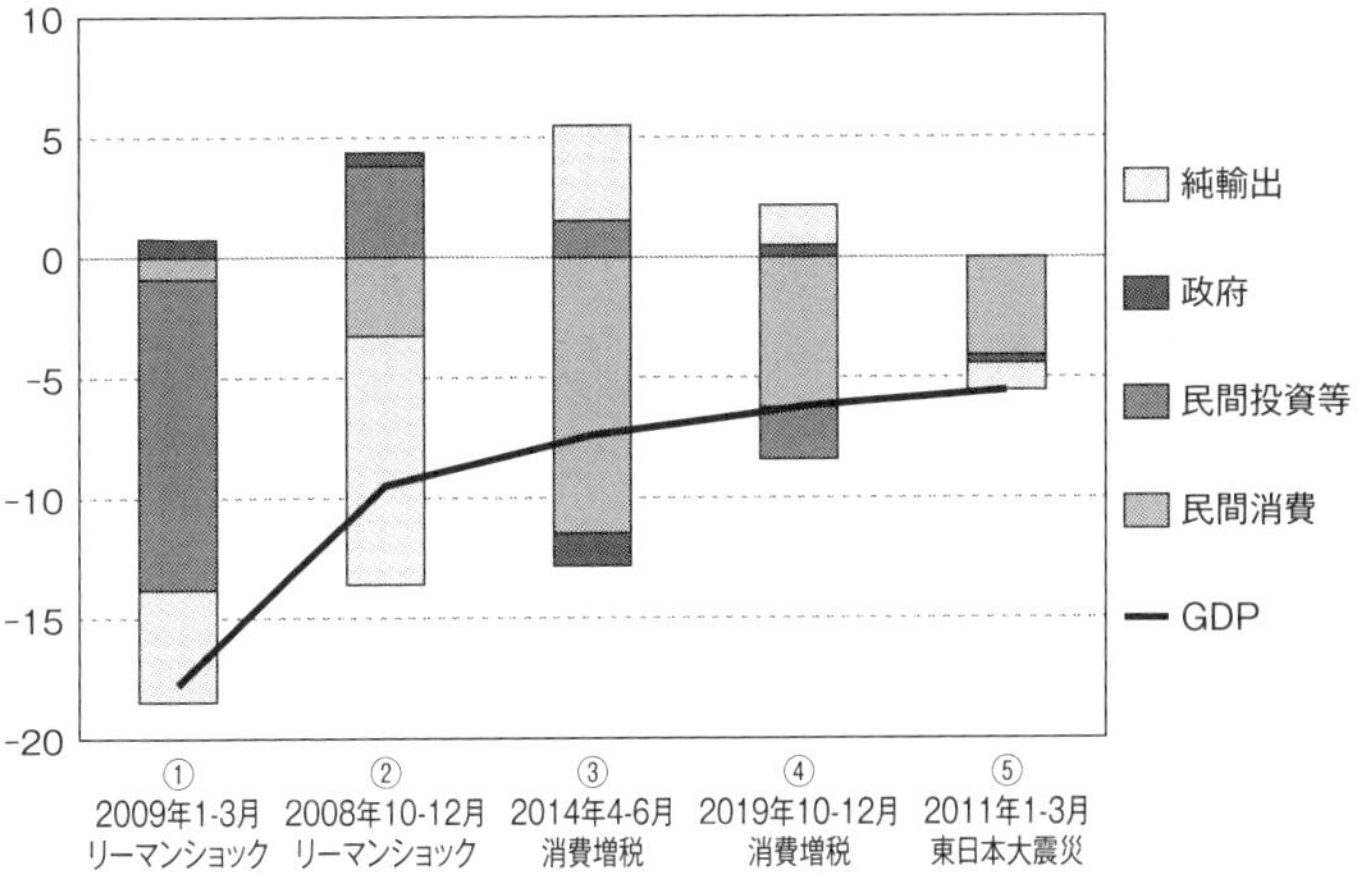

出所：内閣府

は最悪の状態である。

１９９４～２０１９年までの25年間の各四半期、つまり１００回の四半期の成長率を調べてみると、今回はワースト５に含まれる。過去１００回のうち５回しか起こっていないことが、今回起こったわけである。

ワースト５をすべて並べてみる。

（１）２００９年１—３月期：17・７％減
　リーマンショック
（２）２００８年10—12月期：９・４％減
　リーマンショック
（３）２０１４年４—６月期：７・４％減
　３％分消費増税
（４）２０１９年10—12月期：６・３％減

図表3 四半期別の実質成長率（季節調整系列）

(Released: 2020.2.17)

Quarterly Real Growth Rate (Seasonally Adjusted Series, Quarter-to-Quarter)

（2011暦年連鎖価格;単位:%）　(Chained (2011) Yen;%)

項目 ＼ 年・期	前期比（季節調整済）※1 2018 10~12	2019 1~3	2019 4~6	2019 7~9	2019 10~12		前期比の年率換算※2 2019 10~12	
国内総生産（GDP）	0.5	0.6	0.5	0.1	-1.6	***	-6.3	Gross Domestic Product
国内需要	1.0	0.2	0.8	0.4	-2.1	***	-8.0	Domestic Demand
	(1.0)	(0.2)	(0.5)	(0.4)	***	(-2.1)	***	
民間需要	1.2	0.2	0.5	0.2	-2.9	(-2.2)	-11.1	Private Demand
民間最終消費支出	0.4	0.0	0.6	0.5	-2.9	(-1.6)	-11.0	Private Consumption
家計最終消費支出	0.4	-0.0	0.5	0.4	-3.0	(-1.6)	-11.5	Consumption of Households
除く持ち家の帰属家賃	0.4	-0.1	0.6	0.5	-3.7	(-1.7)	-13.9	Excluding Imputed Rent
民間住宅	1.7	1.5	-0.2	1.2	-2.7	(-0.1)	-10.4	Private Residential Investment
民間企業設備	4.3	-0.5	0.8	0.5	-3.7	(-0.6)	-14.1	Private Non-Resi. Investment
民間在庫変動	(-0.0)	(0.2)	(-0.1)	(-0.2)	***	(0.1)	***	Change in Private Inventories
公的需要	0.3	0.1	1.7	0.8	0.4	(0.1)	1.7	Private Demand
政府最終消費支出	0.7	-0.4	1.6	0.7	0.2	(0.0)	0.9	Government Consumption
公的固定資本形成	-1.3	2.1	1.8	1.2	1.1	(0.1)	4.6	Public Investment
公的在庫変動	(-0.0)	(-0.0)	(0.0)	(-0.0)	***	(0.0)	***	Change in Public Inventories
（再掲）総固定資本形成※3	2.8	0.3	0.9	0.7	-2.6	(-0.6)	-9.9	(Regrouped) Gross Fixed Capital Formation ※3
財貨・サービスの純輸出※4	(-0.4)	(0.5)	(-0.3)	(-0.3)	***	(0.5)	***	Net Exports of Goods & Services ※4
財貨・サービスの輸出	1.6	-1.9	0.4	-0.7	-0.1	(-0.0)	-0.4	Exports of Goods & Services
（控除）財貨・サービスの輸入	4.3	-4.3	2.0	0.7	-2.6	(0.5)	-10.1	(Less) Imports of Goods & Services

（注）（ ）内は国内総生産に対する寄与度を表す。
出所：内閣府

2%分消費増税

（5）2011年1―3月期：5・5%減　東日本大震災

統計数字はウソをつかず、リーマンショックでは、輸出減から始まりGDPが低下した。グラフ（図表2）を見てもらうとわかるが、明らかに外需が落ちている。消費増税では、もろに消費が悪影響を受けてGDPを低下させている。グラフでは、消費が大きく落ちていることがわかる。

ワースト5のうち、リーマンショックと東日本大震災は外的要因であり、不可避であったが、消費増税は政治判断の結果であり、避けようと思えばできたはずだ。

今回の2019年10―12月期（図表3）には、新型肺炎の影響はまったく含まれていない。2020年1―3月期の数字は5月中旬に公表されるが、再びマイナスの可能性大であり、2期連続マイナス成長なら「景気後退（リセッション）」になる。昨年の消費増税は、最悪のタイミングだった。まさに大失政だ。

2014年の消費増税のときもひどかったが、実は今回のほうがよりひどい。グラフでは、2014年のほうが2019年よりも落ちているが、2014年の増税は3％だったのに対して、2019年は2％の増税だ。3％と2％の違いを加味して比較してみると、2019年のほうがひどい状態である。

それでも「台風、暖冬の影響」と言い張る政府、日銀

これはもちろん消費増税の影響であることは明らかであるが、政府も日銀も、消費増税の影響であることを認めるつもりはないようだ。

2020年1月24日にスイスで開催された世界経済フォーラム年次総会（ダボス会議）で、黒田東彦日銀総裁は、

「日本経済は昨年第4四半期にマイナス成長に陥った。これは主に2回の台風被害に見舞われたことに起因する」

と発言している。まったく何を考えているのだろうか。これは笑ってしまうレベルだ。

さらに2月7日に、西村康稔経済再生大臣が、

「消費税率引き上げに伴う駆け込み需要は、そんなに大きくはなかったし、その後の落ち込みもそんなに大きくないと見ていたが、10―12期は台風や暖冬の影響がある」

と述べたという。

2月17日の1次速報値の発表前であったが、各種指標が出ていたから、黒田総裁も西村経済再生大臣もGDPが大きく落ち込むことはわかっていた。速報値が発表される前に、あくまでも消費増税のせいではなく、台風や暖冬のせいであると言っておきたかったようだ。

筆者は、「政府・日銀は消費増税の悪影響をなきものとしたいんだな。アキレた」とすぐにツイートした。

図表4 消費活動指数

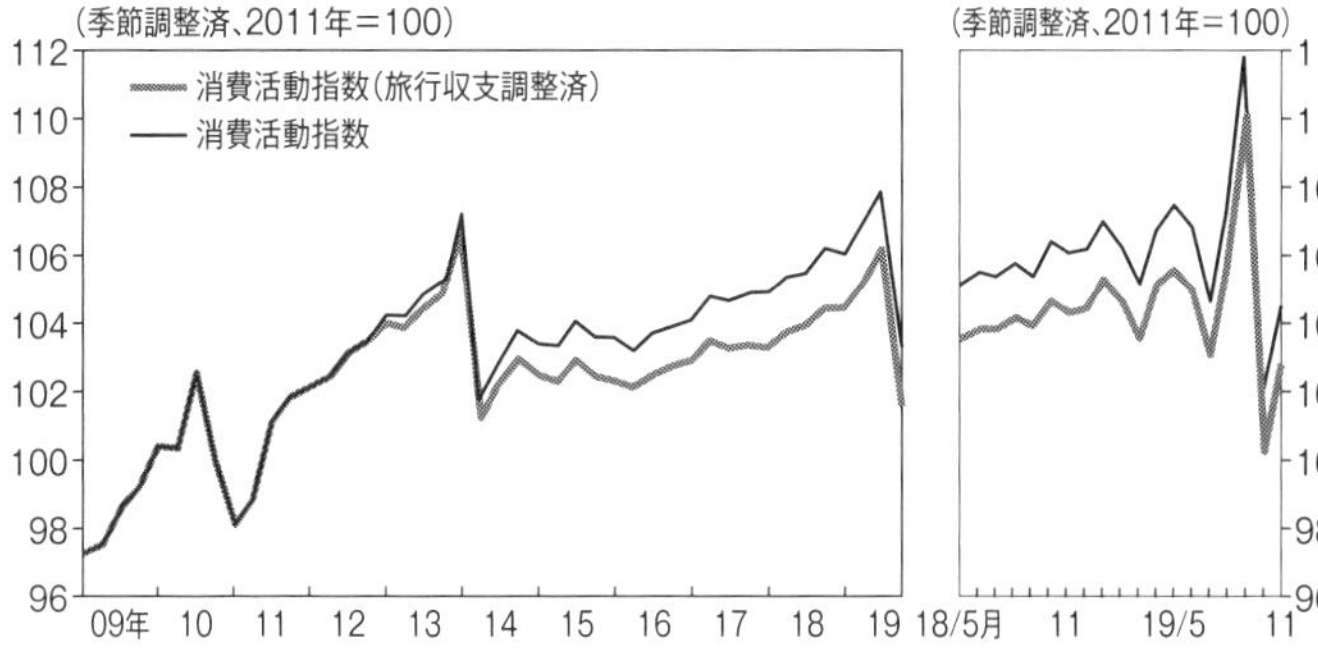

(季節調整済前期比・前月比、%)

	19/2Q	3Q	4Q	19/9月	10月	11月
消費活動指数(旅行収支調整済)	0.7	1.0	-4.5	4.3	-9.1	2.7
消費活動指数	0.9	0.8	-4.4	4.3	-9.0	2.8

注:1. 消費活動指数(旅行収支調整済)は、除くインバウンド消費・含むアウトバウンド消費
　2. 2019/4Qは、10～11月の値(下の図表も同じ)
出所:日本銀行

図表5 鉱工業生産指数(対前年同月比)の推移

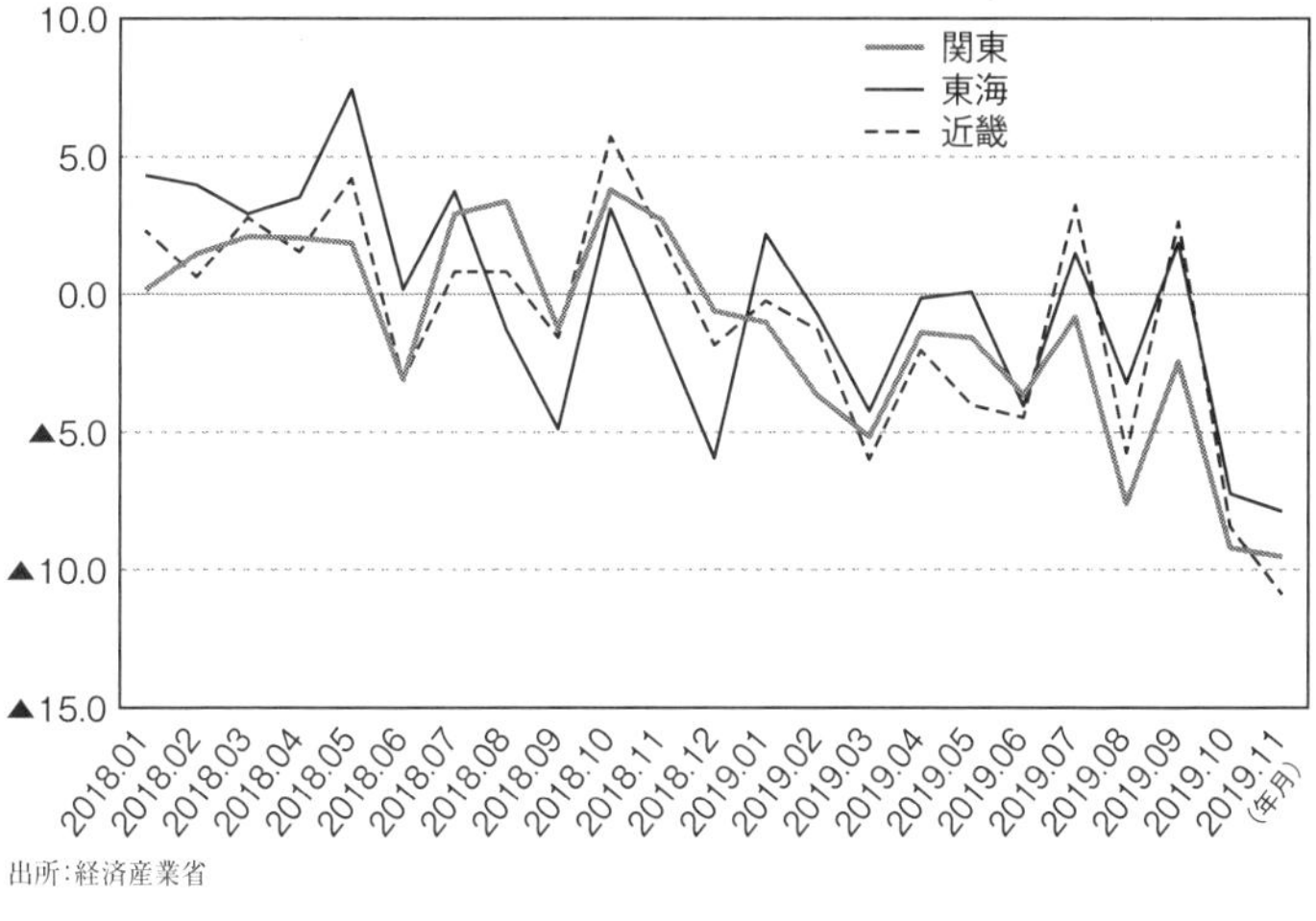

出所:経済産業省

総務省が公表している家計調査の2人以上世帯の実質消費支出は、2019年10月で前年同月比5・1%減、11月で2・0%減だった。

業界団体の12月のデータでは、全国食品スーパー売上高（既存店ベース）で前年同月比1・0%減、全国コンビニエンスストア売上高（既存店ベース）で前年同月比0・3%減となっている。

日銀が発表している消費活動指数で見ても消費の落ち込みは明らかだ（図表4）。落ち込みの要因は台風被害ではなく、消費増税であることは誰の目にも明らかであろう。

経済産業省が発表している鉱工業生産指数の地域別数字（図表5）で見ると、各地域ともに低下している。台風の影響が比較的少なかった近畿も、関東と同じように低下しているので、やはり経済減速を台風のせいとはできないだろう。2019年10―12月の各地方の景気動向指数もあるが、台風被害のあった地域もなかった地域も同じように悪い。

また、暖冬の影響は12―2月までの平均気温が高いことを言うが、発表されたのは10―12月期のGDPであり、1次速報では12月の統計数字は含まれていないために、暖冬の影響はほとんどない。

今回のGDP推計では、消費増税前の駆け込み需要とその反動減をかなり除去するように行われているので、反動減の影響は大きくない。実際に、駆け込み需要とその反動減は前回の消費増税時ほど大きくない。

こう考えると、消費増税により消費減となり、それがＧＤＰ全体の足を引っ張ったと見るほうがしっくりくる。

これまで、消費増税は創設時を含めて４回ある。税率は１９８９年４月に３％、１９９７年４月に３％→５％、２０１４年４月に５％→８％、２０１９年10月に８％→10％となった。

このうち１９８９年４月は、個別物品税廃止との引き換えだったので、悪影響は少なかった。しかもバブル景気の最中なので、問題にならなかった。しかし、その後の消費増税は、景気状況から見ても悪いタイミングに実施され、ネット（純額）での増税だったので、予想通り景気は悪化した。

こうした予想は、消費増税により可処分所得が減少し消費が落ち込むという標準的な経済学を理解していれば容易にわかることだが、財務省とその走狗のエコノミストは「影響は軽微だ」と口をそろえる。

消費の減少は「増税前の駆け込み需要の反動減」の側面がないわけではないが、一面でしかない。本質的には可処分所得減少による消費の落ち込みである。

前述の西村経済再生大臣の説明も、駆け込み需要の反動減は少ないと見ているようだが、可処分所得減少による消費落ち込みの説明を避けている。

なぜ、西村大臣や黒田総裁がこのような発言をするのだろうか。筆者の答えは、消費増税の影響を隠したい財務省やマスコミへの「忖度」というものだ。これまでの消費増税と同様に、景気への悪影響があっても、別の理由にされてしまうのだ。

黒田日銀総裁はいつも「消費税の影響は軽微で一時的」

黒田東彦日銀総裁がダボス会議に行く前の1月21日に、日銀は金融政策決定会合を開いて、景気は「基調としては緩やかに拡大」としている。

翌日のラジオ番組（「飯田浩司のOK！ Cozy up！」ニッポン放送）で、筆者はニュースについてのコメントを求められた。前日に行われた日銀の金融政策決定会合と、その後の黒田総裁の記者会見のことが題材だった。

アナウンサーの飯田浩司さんから「景気は、緩やかに拡大しているとのことです」と言われ、筆者は苦笑するしかなかった。

「緩やかな拡大」という言葉は、どのレベルからの緩やかな拡大かによってずいぶん違う。大きく落ち込んだ位置からの「緩やかな拡大」も「緩やかな拡大」である。

黒田総裁は、元役人だから役人答弁を平気でやる。もう少し、エコノミスト的な答弁をしなければいけないのではないかと思う。

消費税の影響について聞かれた黒田総裁は、

「日用品などの非耐久財の消費は底堅く、耐久財でも家電の販売は徐々に持ち直している。新年の売り上げなども含めた全体で見ると、消費の減少というのは一時的なものであって、個人消費の増加基調は維持されていると見ている」

と発言している。

前述したように、家計調査の実質消費支出も落ちているし、全国食品スーパー売上高、全国コンビニエンスストア売上高も落ちている。消費活動指数のデータも下がっている。どこが持ち直しているのか、さっぱりわからない。記者会見に出ている記者にとっては、突っ込みどころ満載であったが、みんな煙に巻かれたようだ。

黒田総裁は２０１４年の増税後も、ほとんど同じことを言っていた。「消費増税の影響は軽微であり、一時的だ」と。

２０１４年の増税後は、３年くらい日本経済は苦しかった。皮肉を込めて言えば、黒田総裁にとっての「一時」というのは、３年くらいのことを言うのかもしれない。今回も３年くらい日本経済が苦しくなるということだろう。

前回と違うとすれば、景気対策をそれなりの額でやったことだ。景気対策がなければ、全治３年くらいになると思われる。景気対策として、２０１９年度補正予算で1年間の増税分くらいは吐き出すことになった。ただし、タイミングが遅れた。本来は２０１９年10月の増税に合わせてやっておくべきであった。

では、日銀として、経済をどう見ているのだろうか。金融政策決定会合と同日に発表された「経済・物価情勢の展望」を読むとわかる。その中で、２０１９～２０２１年度の政策委員の見通しがある。

政策委員見通しの中央値で２０２０年の実質ＧＤＰは、昨年10月時点で０・７％だったのが、０・９％と０・２％だけ引き上げられている。これは、２０２０年度予算の前に、２０１９年度補正予算を打ったからだ。

もっとも、その補正予算は、実質ＧＤＰ押し上げ効果は政府試算によれば１・４％である。それにもかかわらず、日銀の見通しは０・２％増というのは、消費増税により１・２％は減少すると見ていることと同じだ。

これが、はたして黒田総裁の言うように「一時的」なのかどうか。

日銀は景気の下支えのための金融緩和を行わなかった。金融政策決定会合では、２人の委員は反対したが、残り７人の賛成で現状維持だった。反対した２人のように、マイナス金利を深掘りすれば、政府はさらに公共投資をしやすくなる。

そもそも、今の金融政策でも10年国債の金利はゼロ、10年未満ではマイナス金利になっている。本来は、国はマイナス金利ならゼロ金利になるまで国債を発行すべきなのだ。労せずに国債発行だけで政府収入が得られるし、無コストで公共投資が行える（詳細は第５章で述べる）。日銀は、国債発行を政府に促す意味で、消費増税の悪影響を理由としてさらなる金融緩和政策を行うべきだった。

言わんこっちゃない、悪い数字のオンパレード！

ＧＤＰの１次速報値が発表される前から、景気の落ち込みがひどいことは、わかっていた。昨年10月からの増税後の経済指標が出そろうにつれて、景気後退を示唆する数字が連続したからだ。

10月は全滅。11月も悪い数字が続き、12月に少し持ち直したものがいくつかあるという程度だった。統計数字を見れば、消費増税を境に日本経済の後退が始まっていることが明らかだった。

実際の数字を挙げてみよう。

〈商業動態統計〉

●10月確報　卸売業　前月比▲7・6%　前年同月比▲9・5%
　　　　　　小売業　前月比▲14・2%　前年同月比▲7・0%
●11月確報　卸売業　前月比▲0・2%　前年同月比▲8・4%
　　　　　　小売業　前月比　4・5%　前年同月比▲2・1%
●12月速報　卸売業　前月比　0・6%　前年同月比▲6・3%
　　　　　　小売業　前月比　0・2%　前年同月比▲2・6%

〈鉱工業指数〉
●10月確報　生産指数　前月比▲4・5％　前年同月比▲7・7％
　　　　　　出荷指数　前月比▲4・5％　前年同月比▲7・3％
●11月確報　生産指数　前月比▲1・0％　前年同月比▲8・2％
　　　　　　出荷指数　前月比▲1・7％　前年同月比▲7・7％
●12月速報　生産指数　前月比　1・3％　前年同月比▲3・0％
　　　　　　出荷指数　前月比　0・0％　前年同月比▲3・7％

〈貿易統計〉
●10月分　輸出　前年同月比▲9・2％　輸入　前年同月比▲14・7％
●11月分　輸出　前年同月比▲7・9％　輸入　前年同月比▲15・6％
●12月分　輸出　前年同月比▲6・3％　輸入　前年同月比▲4・9％

〈有効求人倍率〉
●10月　1・57（前月と同水準）

●11月　1・57

●12月　1・57

〈家計調査〉（2人以上世帯の消費支出〈1世帯当たり〉）

●10月　27万9671円（実質前年同月比▲5・1％）

●11月　27万8765円（同　▲2・0％）

●12月　32万1380円（同　▲4・8％）

〈景気動向指数〉

●10月　一致指数　95・3（前月比▲5・1）

●11月　一致指数　94・7（前月比▲0・6）

●12月速報　一致指数　94・7（前月比　0・0）

ここに挙げた、商業動態統計（卸売業、小売業）、鉱工業指数（生産指数、出荷指数）、貿易統計（輸出、輸入）、有効求人倍率、家計調査、景気動向指数（一致指数）の数字を見ると、ほぼすべての数字が悪化している。悪い数字のオンパレードだ。

増税後の数字は、統計が発表されるたびに、悪い数字が出てくるという連敗状態だった。10月は連戦連敗。その後、多少持ち直しているものもあるが、パッとせず、11月、12月の数字も連敗が続いた。

経済の数字は、選択的に見てはダメ

たくさんの数字をあえて出したのは、数字を選択的に見ないほうがいいからだ。

数字を１つずつ見ていくと、その都度「上がった」「下がった」と一喜一憂することになってしまう。新聞は、そういう報道が多い。１つの数字だけを取り上げて、「上がった」「下がった」と報じる。しかも、彼らは「上がった」「下がった」を強調して伝えようとするから、余計に惑わされる。

新聞を全部読んでいるのなら惑わされることもないかもしれないが、そんなことをするくらいなら、もともとの統計数字を各省庁のサイトで調べたほうが、はるかに正確なことがわかる。

経済というのは全体を見なければ判断できない。

新聞が選択的に記事にするのは、おそらく新聞記者にキャパがないからだ。一度に5個や6個の数字が頭に入らないから、選択的に報じるしかないのだろう。

ある統計数字が発表されたときに、「これまで5つの経済統計が発表されたが、今回も含めて6回連続してすべてマイナスだった」というような報じ方はされない。単に今回の統計数字だけを取り上げて「マイナスだった」と報じられるだけだ。これでは経済の実情はまったくわからない。

経済というのは選択的に見ていては実情はつかめないから、筆者は、あえてたくさんの数字を挙げたわけである。

マスコミが選択的に報じる情報に惑わされないためには、経済統計の基本的なことは知っておいたほうがいい。

経済産業省の「商業動態統計」や「鉱工業指数」は、生産活動を表す指標だ。10月以降、商業動態統計や鉱工業指数の数字が悪かった。これは生産活動が低下していることを示している。

財務省の「貿易統計」における輸入の減少は、国内需要の弱さを反映している。

ＧＤＰというのは国内所得を意味するが、ＧＤＰが下がるときは、国内消費と輸入が下がる。つまり、輸入の落ち込みは景気悪化の第一段階である。

財務省が2月10日に国際収支統計（速報）を発表したが、２０１９年の経常黒字は４・４％増であった。「経常黒字が増えることはいいことだ」というイメージがあるかもしれないが、一般的に言えば、景気が悪くなると経常黒字は増える。景気が悪化すると輸入が減るから、黒字が増える傾向がある。

厚生労働省の「有効求人倍率」は、１人当たりの求人数で、景気動向を反映している。有効求人倍率は、10月以降、横ばいが続いている。

総務省の「家計調査」は、国内需要の大半を示す消費の状態を示している。家計調査の前年同月比はいずれもマイナスとなっている。詳細に見ると、消費税率が８％に上がった２０１４年４月よりも落ち込み幅が大きい。２０１４年４月の消費税の上げ幅は３％だったが、今回は２％である。１・５倍の違いがある。そのうえ、今回は軽減税率も取り入れられている。さらに言えば、今回は駆け込み需要があまりなかったのに、落ち込みが大きい。

２０１９年10月の家計調査の数字は、20年間さかのぼって見た中で、10月の数字としては過去最低である。

「0勝8敗」という最悪の状態だ

統計数字には、基礎統計と、基礎統計を加工して算出した加工統計がある。景気動向指数は加工統計である。景気動向指数の一致指数は、

（1）鉱工業生産指数
（2）鉱工業用生産財出荷指数
（3）耐久消費財出荷指数
（4）所定外労働時間指数
（5）投資財出荷指数（除く輸送機械）
（6）商業販売額（小売業）
（7）商業販売額（卸売業）
（8）全産業営業利益

(9)有効求人倍率(除く学卒)

から算出される。

2019年10月の景気動向指数はマイナス5・1％だったが、データのない全産業営業利益の数値以外は、8個の数値がすべてマイナスだった。

8連敗というのは、非常に珍しいことだ。

普通は、いい数字と悪い数字が混在している。いい数字が半分で、悪い数字が半分なら、「まあ、こんなものかな」と思うだけである。4勝4敗ならどうということはない。多少はバラつくから、3勝5敗、5勝3敗ということはよくある。

しかし8個すべてというのは驚くべき事態だ。8勝0敗でも驚くが、0勝8敗というのは、かなり経済がきつい状態であることがわかる。

個別の統計数字が「上がった」「下がった」というのは、「1勝した」とか「1敗した」という程度のことなので、経済全体を判断することはできない。その1敗が仮に「大敗」だったとしても、7勝1敗のうちの1敗かもしれない。1つひとつの数字に一喜一憂するのではなく、全体を見ることが重要なのである。

マスコミの人から「どの数字が一番重要ですか?」と聞かれることがあるが、これは、経済をまったくわかっていない証拠だ。

国立大学を受験する人から「合格するには、どの科目が一番大事ですか? 1つに絞るとしたら何ですか?」と聞かれるのと同じだ。国立大学の受験科目はたくさんあるから、どれか1つに絞って、「この科目をやれば合格する」と言うことはできない。たくさんの科目があるのだから仕方がない。

経済の場合も、たくさんの指標で多面的に見ないと本当のことはわからない。1つに絞ることはできない。

景気動向指数の一致指数には9系列あるから、9系列すべてを見る。強いて言えば、9系列にそれぞれのウエイトをかけて算出した景気動向指数を見れば、景気の概要くらいはわかる。

景気動向指数は毎月発表されるが、その月の数字だけを見ていると、一喜一憂することになる。たまたま、自然災害などの影響でその月が大きく下がることもあるから、ならして見ることが必要だ。それが移動平均というものだ。

過去3カ月をならした「3カ月移動平均」と、過去7カ月をならした「7カ月移動平均」が発表されている。それをグラフにすると、トレンドがわかる。

経験則的にわかっていることは、３カ月の移動平均をとれば、各月の特殊要因の影響がだいたい抜ける。３カ月の移動平均を見れば、傾向値がわかるということだ。

景気動向指数は、９系列がそれぞれのウエイトを持っており、どれが景気動向指数に寄与したかを示している数字が寄与度だ。景気動向指数が下がったときに、各系列の寄与度をすべて足し算すると、景気動向指数の落ち込みを説明できる。

寄与度などを見ながら分析して、何の影響で景気が落ち込んだのかを判断するわけである。ここから先はデータ分析の世界で、専門家の仕事であるが、今回の景気動向指数の落ち込みを調べていくと、「消費税の影響」としか説明ができない。

もし、西村康稔経済再生大臣や黒田東彦日銀総裁が言うような、台風の影響であれば、そのイベントがあったときにドンと落ちて、回復していくが、２０１９年の景気動向指数はそういうトレンドを示していない。

また、台風の影響かどうかは、台風被害に遭った地域と、台風被害がまったく関係なかった地域を比較してみればわかる。２０１９年は、台風被害のなかった地域でも、同じようなトレンドで、経済が落ち込んでいる。

要するに、台風という要因ではなく、別の要因であるということだ。言うまでもなく、「消費増税」である。

前回の3%より今回の2%のほうがダメージが大きい

消費税の影響を見るために、家計調査をもとにつくられた実質消費指数を、前回2014年の増税時と比べてみる。

増税前の1年間の平均で見ると、実質消費指数は、前回105・9。今回は100・5だ。増税後の実質消費指数は、前回100・5で、今回は95・1。それぞれ下落ポイントは、5・4で同じ数字だが、前回の増税幅は3%であったのに対して、今回の増税幅は2%である。3分の2の影響でなければならないが、同じ数字であるというのは、今回のほうが影響が大きいことを示している。

景気動向指数を見ても、前回は、増税前1年間は平均100・3だったが、ずっと上昇基調であった。しかし、増税によって100・8となり、腰折れする形となった。そこから先はなかなか浮上しなかった。

今回は、増税前１年間の平均は１００・９だが、増税前から下降基調だった。増税後は95・３と、景気の下振れをダメ押ししている。

筆者は、各指標はすべて悪化するだろうと事前に予測していたが、実際に数字が発表されたら、その通りになっていた。予測そのものは当たっていたが、悪いほうに当たったのだから、非常に残念なことだ。

今回の消費増税によって景気が落ち込むことは、筆者以外にも予測していた人は多かった。それは当然のことで、前回増税時の２０１４年4月と違って、国際経済環境が最悪に近い状態になっていたからだ。

米中貿易戦争、ブレグジット、日韓紛争、香港人権問題、ウイグル人権問題、ホルムズ海峡問題……。

これらが今後どういうふうに推移していくのかは、なかなか予測がつかない。経済問題の側面もあるが、安全保障が絡んでいるから、非常に難しい。

国際情勢が不安定で、経済の地合いが悪い中で、増税を強行してしまった。増税の影響が大きくなるのは、当然である。

補正予算でかろうじて対策を打ったが……

2020年1月に2019年度補正予算が通った。その規模が4・3兆円というのは興味深い。補正予算の内訳は、

- 災害からの復旧・復興と安全・安心の確保　2・3兆円
- 経済の下振れリスクを乗り越えようとする者への重点支援　0・9兆円
- 未来への投資と東京オリンピック・パラリンピック後も見据えた経済活力の維持・向上　1・1兆円

今回の消費増税は税率2％分で、5・6兆円の税収増が見込まれている。そのうち、軽減税率によって1兆円が差し引かれる。さらに、キャッシュレス・ポイント還元が3000億円。軽減税率とポイント還元を差し引くと、4・3兆円の増税だ。補正予算の財政支出は4・3兆円だから、ほぼ一緒である。

消費増税分と同じ額の支出をするから、消費増税の悪影響は補正予算によってカバーされる。本来は、昨年10月の増税時点で、この景気対策をやっていればよかったのだ。それが遅れて補正予算は２０２０年１月30日に可決された。

昨年度の補正予算なので、執行は本来３月までであるが、それが実際に経済に効いてくるのは、おそらく4月以降になるだろう。半年遅れたわけである。経済に効果が出るまでの期間のマイナスの影響がカバーできないから、補正予算は、実際には４・３兆円では足りなかったと言うことができる。

さらに言うと、２年目以降は増税の影響だけが効いてくるので、景気回復はかなり遅れることになるだろう。

経済対策で多少はダメージを抑えられるが、その後は不安定になることが予想される。

ここまでの試算は、新型肺炎の影響を除いたものである。新型肺炎の影響を考慮しないとしても、経済的には厳しくなるのだから、新型肺炎が加わった現在は、かなり大規模な経済対策を打たないといけない。

それをしないと、２０２０年の後半から２０２１年にかけて、好調だった雇用も悪化してくるのではないかと予想している。

「健全財政」にこだわる財務省と経済財政諮問会議の不健全

ＧＤＰがマイナス６・３％になりかねないほど景気が悪化しており、さらなる追加経済対策をとらなければいけない状況だが、財務省は相変わらず「緊縮病」に陥っている。これが非常に懸念される。それは中期財政試算にも垣間見える。

２０２０年１月17日の経済財政諮問会議で、国と地方の基礎的財政収支（プライマリーバランス＝ＰＢ）が２０２５年度に３・６兆円程度の赤字になるという中期財政試算が内閣府から示された。

消費税率を引き上げても財政の悪化が続き、目標とする２０２５年度の黒字化は遠のいた、と報じられている。

政府は国・地方のＰＢを２０２５年度に黒字転換する目標を掲げるが、実現はさらに厳しくなったと強調する。

試算の成長実現ケースで、２０２５年度のＰＢは３・６兆円の赤字。２０１９年７月時点の試算（２・３兆円の赤字）より悪化したとし、麻生太郎財務大臣も閣議後の記者会見で「歳出改革の取り組みをさらに進めなければならない」と語った。

なぜ、ＰＢを目標としているかといえば、ＰＢの動きが、ネット債務残高対ＧＤＰ比の動きを規定するからだ。ネット債務残高対ＧＤＰがどんどん大きくなれば（数学的な表現では「発散」すれば）、財政破綻とも言えるような状況になるわけで、そのためにＰＢを管理しなければいけない。

試算では、成長率の高い「成長実現ケース」と、成長率の低い「ベースラインケース」がある。

ＰＢ対ＧＤＰ比の「成長実現ケース」では、２０２５年度の均衡化は無理であるが、２０２７年度に均衡化するくらいに改善する。「ベースラインケース」では、１・３％程度の赤字を続ける。その結果、グロス債務残高対ＧＤＰは「成長実現ケース」では低下傾向になるが、「ベースラインケース」では高止まりするとされている。

この結果を、ネット債務残高対ＧＤＰで見れば、「成長実現ケース」では現在のゼロ程度がマイナスに、つまり純資産がプラス状態になるが、「ベースラインケース」でもゼロ程度を維持できることになる。

はっきり言えば、国の場合、ネット債務残高が多少のプラス、つまり多少の債務超過でも問題なく、ネット債務残高をマイナスにする必要はない。

例えば、日本でＰＢ対ＧＤＰが２％程度の赤字を10年間継続しても、せいぜいドイツと同じ程度になるだけで、財政状況は悪いわけではない。こうした状況にもかかわらず、「目標とする２０２５年度の黒字化ができなくなったのは問題だ」というのは、おかしな議論である。

マイナス金利を生かして、将来投資をするのは、ネット債務残高対ＧＤＰを悪化させない意味でも優れている。現在の状況では、ＰＢ黒字化はほとんど意味がないにもかかわらず、教条的な「目標順守」というのは、健全な経済政策ではない。

経済財政諮問会議の専門家は、財務省の走狗になるのではなく、もっとしっかりすべきである。「緊縮病を脱して、将来投資をせよ」と主張すべきだ。

世界を見渡してみても日本は「財政破綻」からほど遠い

筆者はこれまで、財務省、その走狗である「財政破綻論者」たちと論争を続けてきたが、２０１８年10月には筆者の主張を補完するレポートがＩＭＦから発表された。ＩＭＦ

図表6 世界各国の公的機関のバンスシート（対GDP比、2016年）

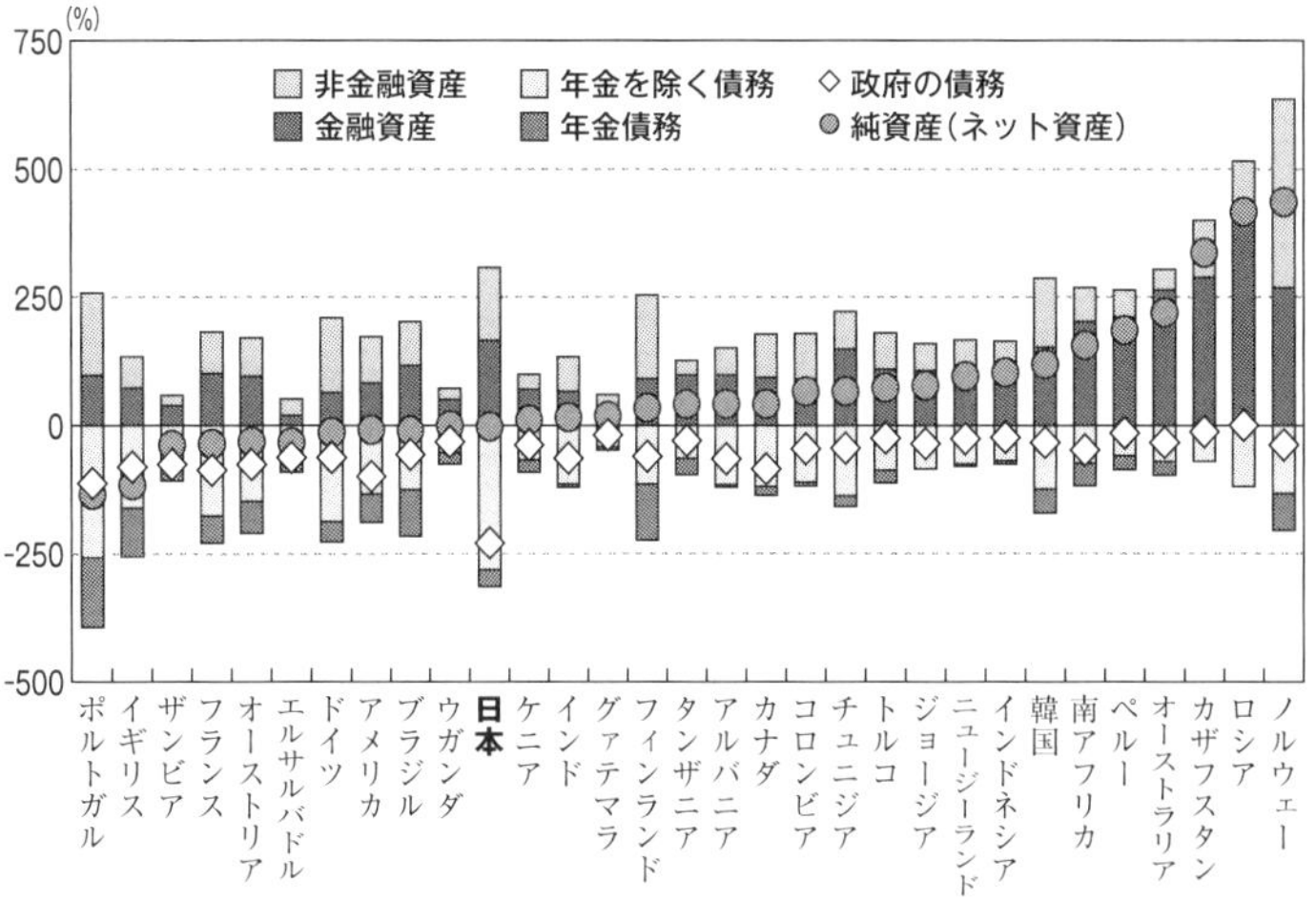

出所：IMF「fiscal monitor October 2018」

のホームページに掲載されている同レポートは全106ページから成っているが、同レポート中の「チャプター1」2ページ目に掲載されているのが、各国の中央政府、地方政府、政府関係機関、中央銀行のすべてを合わせた、国全体のバランスシートを比較したものだった。グラフの「0」のラインより上が資産（金融資産＋非金融資産）で、それより下が負債（年金を除く債務＋年金債務）である（図表6）。

わかりやすくするために日本語表記にしたが、左から11番目の「日本」に注目してもらいたい。このグラフを見てもわかるように、世界を見渡しても、日本の純資産（資産－負債）は、限りなく「0」に近い

図表7 各国の一般政府(中央政府＋地方政府)の資産と負債の比率(対GDP比、単位:%)

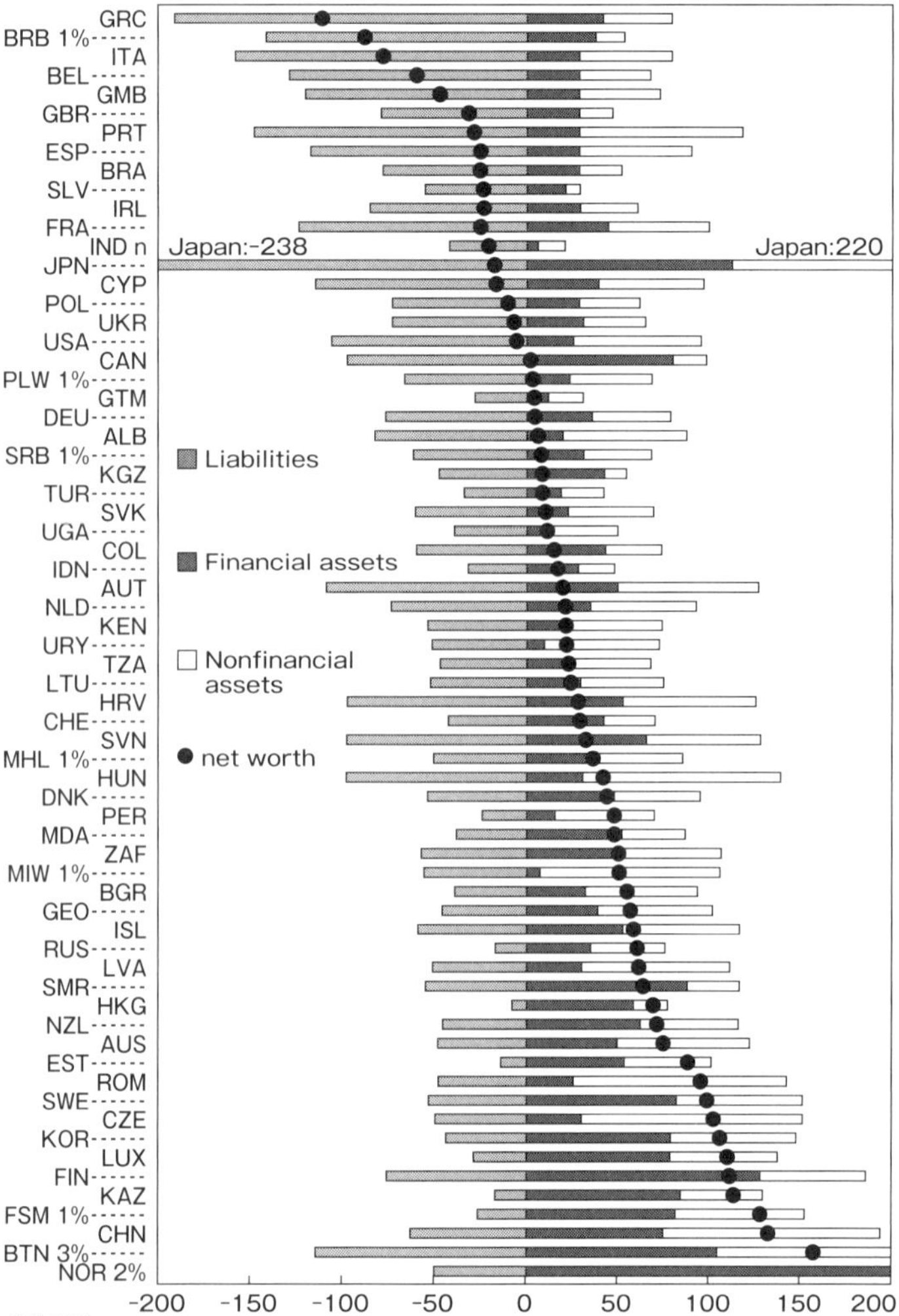

出所:IMF

図表8 G7政府の資産と負債のバランスシート(対GDP比、2016年)

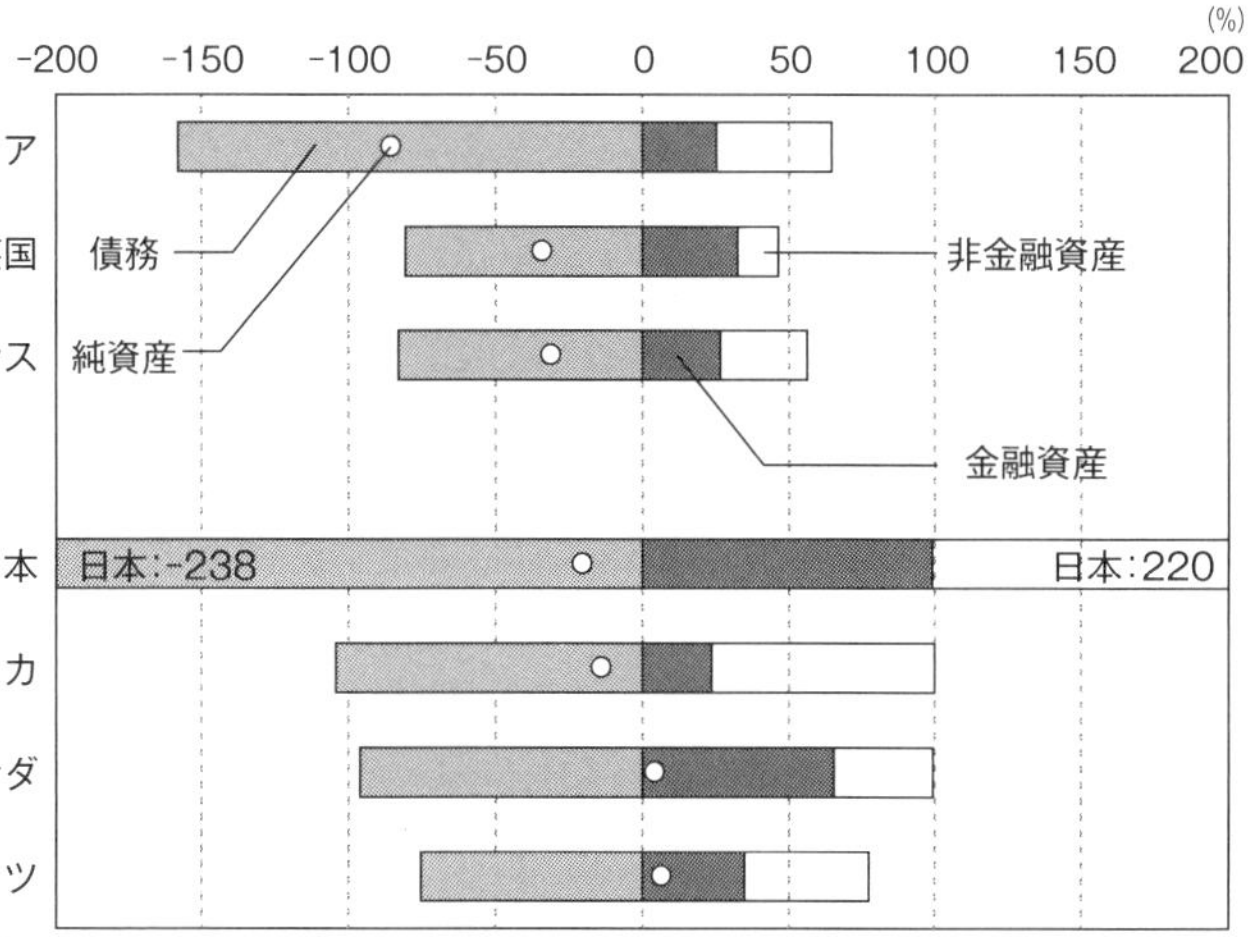

出所:IMF

ことがわかる（実数はＧＤＰのマイナス５・８％）。「日本は借金まみれで、財政破綻寸前だ」という主張が、いかに大ウソであり、日本が財政破綻からほど遠いところにいるかが明らかだ。

また、ＩＭＦレポートの「チャプター１」７ページ目に掲載されたグラフ（図表７）も紹介したい。これは、各国の一般政府（中央政府＋地方政府）の資産と負債の比率（対ＧＤＰ比、単位：％）を示したものである。グラフの中央線から右が資産、左が負債だが、上から14番目に「Japan：220」「Japan：－238」と書かれている。つまり、日本の中央政府と地方政府の資産は対ＧＤＰ比２２０％、負債は対ＧＤＰ比マイナス238％だということである。

なお、大切なのは「純資産額」である。先ほどのグラフの中から、G7（フランス、アメリカ、イギリス、ドイツ、日本、イタリア、カナダ）を抜き出したグラフ（図表8）を見てほしい。

グラフの○が「純資産」だ。日本の純資産は、「資産220％－負債238％＝対GDP比－18％」ということになる。G7の中では、ドイツ、カナダ、アメリカよりは純資産が少ないものの、フランス、イギリス、イタリアよりも多くなっている。

何度でも言う！　消費税を社会保障目的税としている国などない

財政的に見ても消費増税などする必要はなかったのだが、消費増税をするためには何らかの理由が必要だから、今は、社会保障目的税ということになっている。

消費税が社会保障目的税化されたのは、今に始まったことではない。小沢一郎氏の自由党が政権に入っていた自自公時代からの政治的ないきさつがある。

昔は財務省も知恵があったから、社会保障目的税化に抵抗していたが、政治家にこびる

図表9 社会保障の給付と負担の現状（2016年度予算ベース）

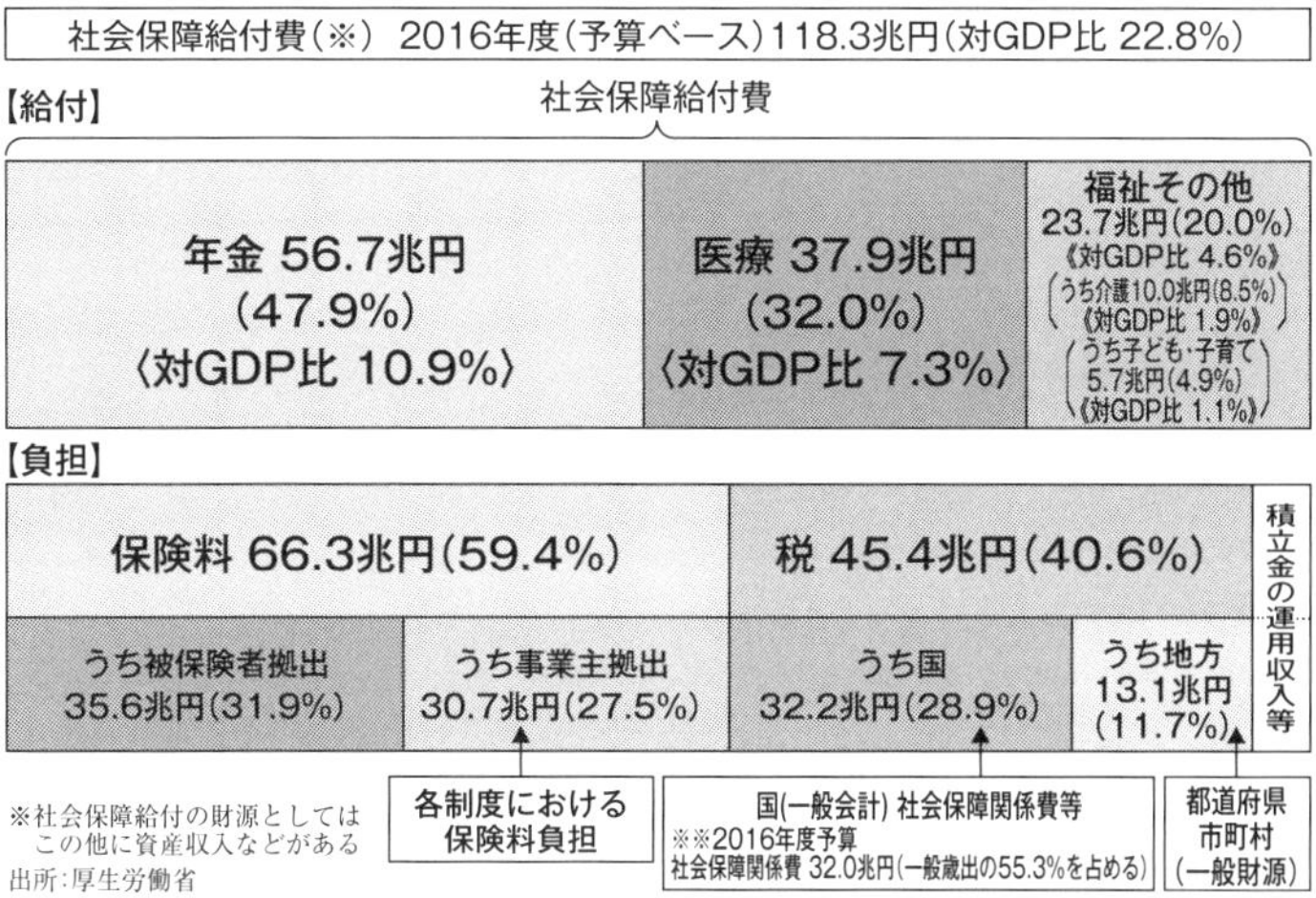

※社会保障給付の財源としてはこの他に資産収入などがある
出所:厚生労働省

財務官僚がいて、政治的な流れをつくってしまった。社会保障目的税化に抵抗していたはずの財務省は、手のひらを返して、社会保障目的税化を推進した。

財界は、社会保障を税金でやってもらえば、労使で折半している社会保険料を抑えられるから、社会保障目的税化に乗っかった。こうして、政財官で消費税は社会保障目的税にされてしまった。

筆者が何度も言っていることだが、消費税を社会保障目的税にしている国はない。世界的に見ても、年金や医療は、保険料でやるのが標準だ。

所得の低い人は保険料を支払えないから、その分は累進課税の所得税を使う。所得再配分の意味合いもあるから、高所得者の所得税で、低所得者の保険料を賄う。社会保障の財源は、「保険料＋所得税」であり、「消費税」はどこにも入り込む余地はない。

消費税を社会保障目的税にしているのは、世界で例のない、日本オリジナルだ。

オリジナルの政策というのは、失敗したときの対処法が不明確だ。他国で実施されている政策であれば、失敗例も出てくるから、失敗したときの対処法もわかる。全部が予定通りにいけばいいが、うまくいかないことも起こりうる。そのときに、他国に例がないと、対処法をオリジナルで考えなければいけない。対処に時間がかかり、危機的な状態に陥ってしまうかもしれない。

社会学系に限らず、学者はオリジナルな話をしたがるが、経済政策としてはオリジナルなことをするのは非常に危険である。オリジナルな話は自分の研究の中でやればよく、多くの人に関係する経済政策では過去や他国で行われている普通の政策をやればいい。

世界のオーソドックスな形にならって、社会保障は保険料でやるべきである。社会保障を厚くするなら、消費増税ではなく、保険料値上げが筋だ。労使折半だから、財界はこれを嫌がっているのだが。

消費増税は、ごまかしの歴史

消費税の歴史をたどると、１９８９年に消費税３％が導入された。このときは、経済状況も良かったし、物品税をなくして消費税に鞍替えしているから、間違った政策ではなかった。

１９９７年に税率を３％から５％に上げたのは、間違った政策だった。消費増税によって景気が悪くなったのだが、当時の大蔵省はそれをごまかすために、必死になって「アジア通貨危機で景気が落ち込んだ」というウソをばらまいた。

アジア通貨危機が起こったのは、タイと韓国。タイと韓国のＧＤＰを見ると、ほどなく回復している。日本はずっと回復しなかった。もしアジア通貨危機が原因なら、震源地が一番ひどい状態になり、回復が一番遅くなる。震源地以外のところから回復していき、最後に震源地が回復するというパターンになるはずだ。

ところが、データを見ると震源地のほうが回復して、あまり影響のなかったはずの日本が回復していない（図表10）。

図表10 アジア諸国とアメリカの成長率推移

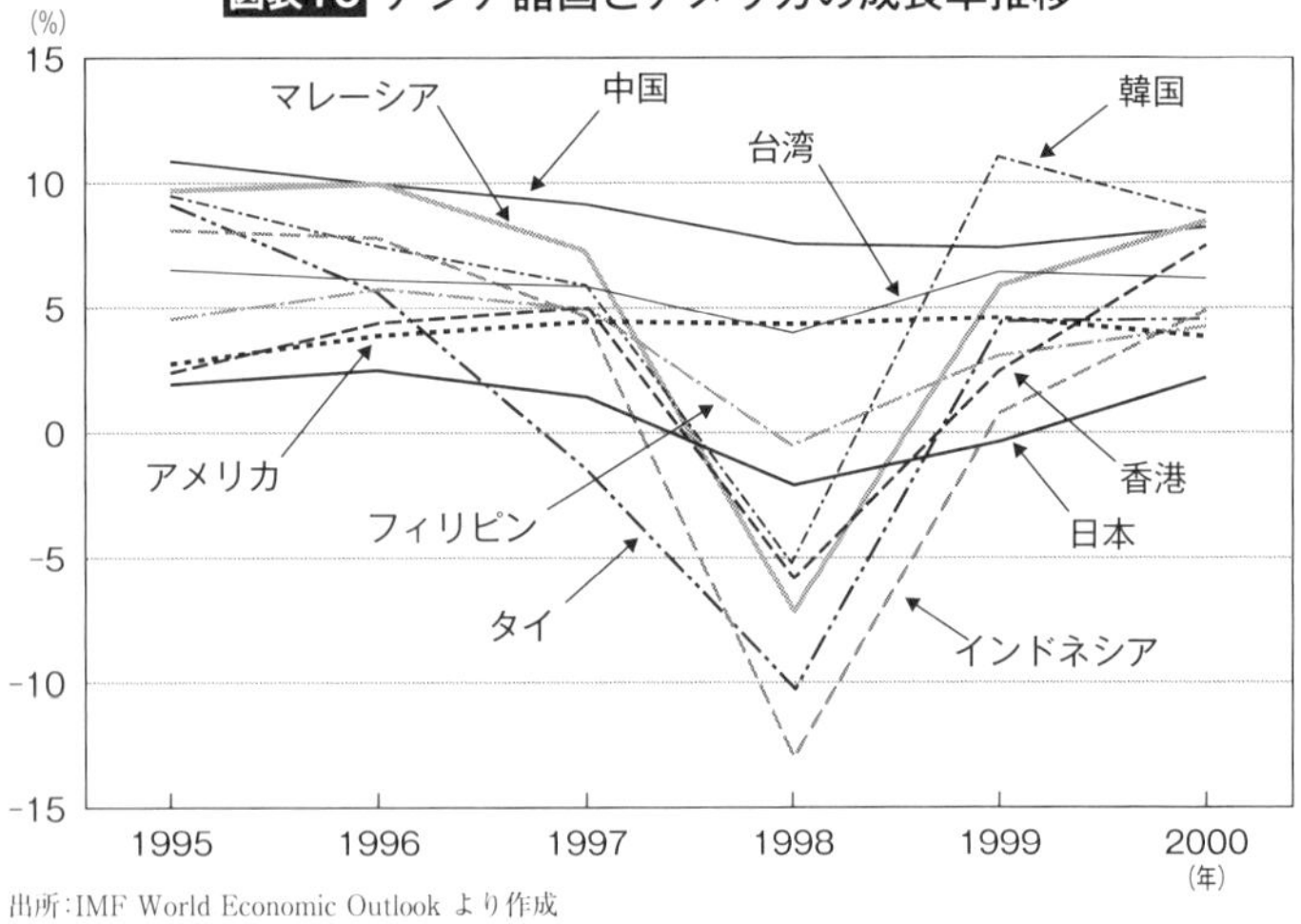

出所:IMF World Economic Outlook より作成

だとすれば、景気の落ち込みはアジア通貨危機ではなく他の要因があるはずだ。

日本のみが回復しなかったのは、消費税を導入したこと以外に原因が見当たらない。消費増税が景気を悪化させたのである。財務省はこれを認めたくないので、アジア通貨危機が原因だというウソをばらまき続けた。

デフレと１９９７年の消費増税を結びつける人もいるが、それは因果関係がめちゃくちゃである。デフレ自体はもっと前から始まっているから、１９９７年の増税とは直接的な因果関係はない。

デフレの原因を探る場合には、デフレが始まったころの前後で要因を探らなければいけない。その前後で違っているのは、日銀のお

図表11 各国GDPデフレータの推移(1990年＝100)

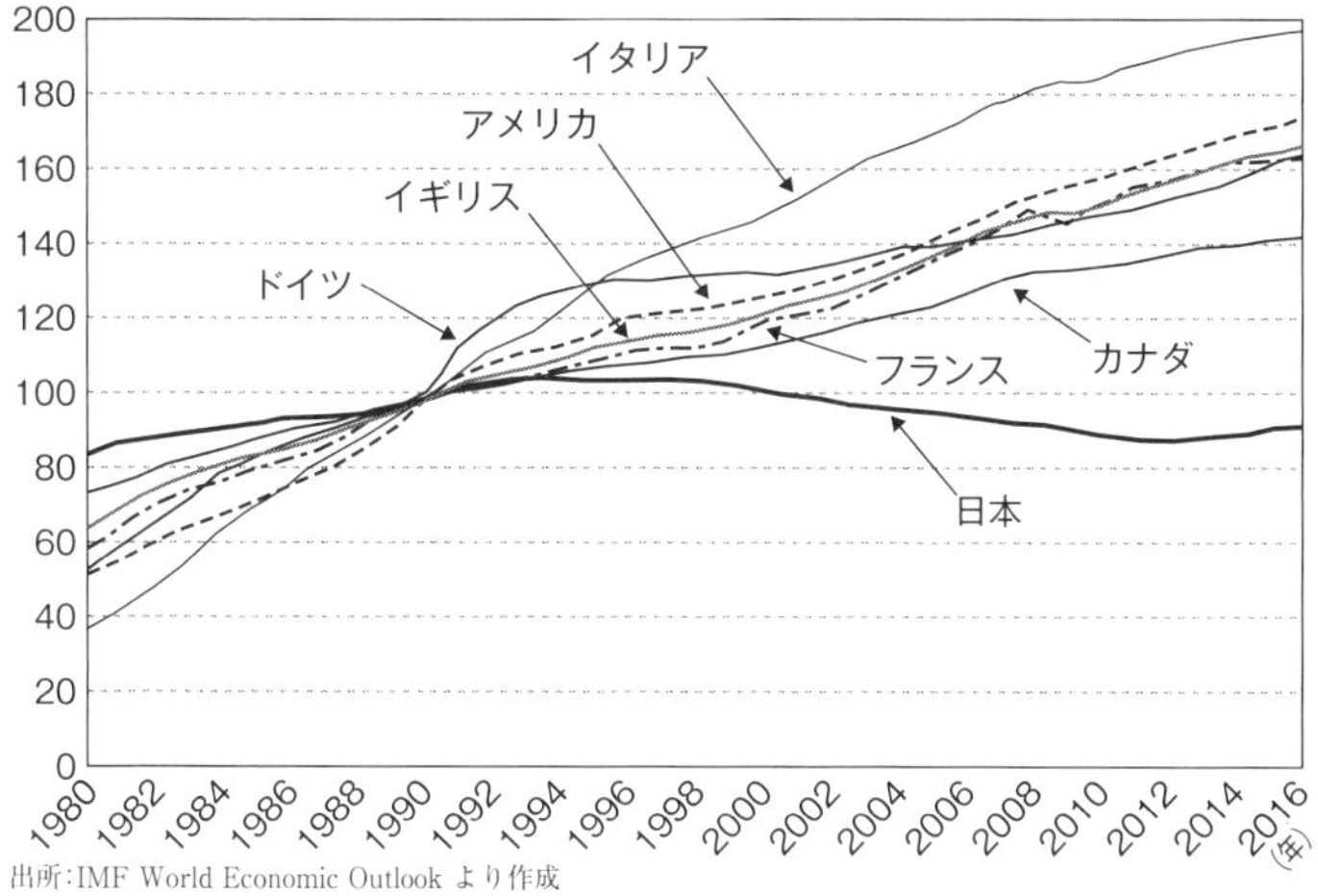

出所：IMF World Economic Outlook より作成

金の刷り方だ。

マネーの量がまったく違うから、それによってデフレを説明できる。

因果関係というのは、イメージや言葉で考えると間違えやすい。デフレが始まったとすれば、その前後で何が違うかを探る。景気後退が起こったとすれば、その前後で何が違うかを探る。また、他国との比較もしながら、探っていく。

そうやって緻密に調べていかないと、「アジア通貨危機」とか「デフレスパイラル」といった、もっともらしいイメージや言葉にだまされてしまう。

財務省は認めようとしないが、１９９７年の景気の落ち込みは消費税を引き上げたこと

図表12 世界各国のマネー増加率（横）とGDPデフレータ伸び率（縦）（1990~2017年平均）

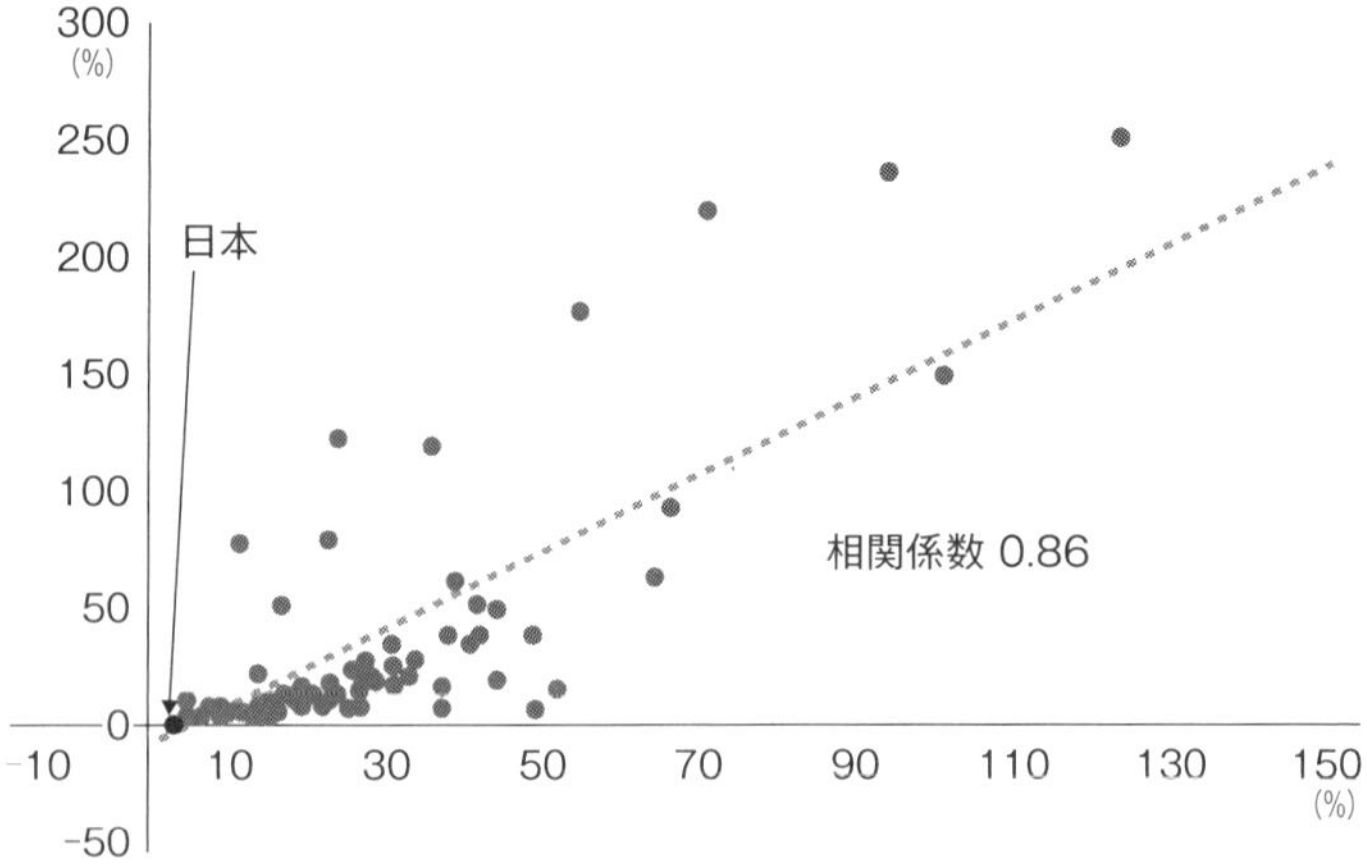

出所：World Bank より作成

が原因であった。

2014年に税率を5％から8％に引き上げたときにも、景気が落ち込んだ。これは比較的最近のことだから、記憶している人が多いと思う。回復するまでには3年くらいを要している。

そして、2019年。税率は8％から10％に引き上げられ、2019年10―12月期のGDPは、年率マイナス6・3％に落ち込んだ。

このように、財務省は消費増税によって景気を冷え込ませることを繰り返してきた。失政を繰り返してきたわけである。

一方で、日銀も失政を繰り返してきた。

GDPデフレータ（名目GDP÷実質GD

P×１００）を見ると、日本のデフレの状況がはっきりとわかる。ＧＤＰデフレータは、１９９０年以降伸びが鈍化して、１９９５年以降はマイナスである。他国と比べてみると、日本の状況が鮮明になる（図表11）。

なぜ、このような状況になったかを探ると、マネーが原因であることがわかる。データの取れる世界１６５カ国のマネー増加率とＧＤＰデフレータの伸び率（１９９０―２０１７年平均）をグラフ化（図表12）すると、日本は世界でほぼ最下位だ。マネー不足によってデフレが続いていることがよくわかる。

消費増税対策が複雑すぎた

テレビコメンテーターの中には、「キャッシュレス・ポイント還元があるから、増税の影響は少ない」と言っている人がいたが、おそらく、これは数字をまったくわかっていない人だ。

はっきり言えば、ポイント還元の規模では消費増税の影響を除くには力不足だ。

今回の消費増税は、税率２％分で５兆６０００億円の税収増。そのうち軽減税率で１兆円を戻すから、実質的には4兆6000億円。

ポイント還元は、せいぜい3000億円程度。4兆6000億円の増税に3000億円のポイント還元をしても、ほとんど効かないことは、容易に想像がつくだろう。マクロ経済というのは、数量的に捉えるものだ。

3000億円のポイント還元のうち、実際に消費者の手元に渡るのは2000億円程度だ。1000億円くらいは、ポイント還元を実施するカード会社など業界に渡る。カード業界が潤うわけである。こういうコストを行政コストと言う。

増税の悪影響をなくすには、増税分5兆6000億円を全額吐き出すことだった。5兆6000億円分のポイント還元をする方法もあるが、そうするとカード業界に数千億円が渡ることになるはずだ。行政コストがかなり高くつく。

行政コストが一番安いのが全品目の軽減税率だった。

軽減税率の対象品目を「全品目」と指定するだけで、業界抜きでできるから、一番簡単だった。

突拍子もないことを言っているように思われるかもしれないが、ポイント還元よりも簡単にできて、行政コストがかからない方法である。

今回の消費増税では、イートインかどうかで軽減税率の８％になるか10％かが違ってくるが、いちいち顧客に聞くことはしにくいだろうから、８％に収束していくのではないかと思う。違反があったとしても、すべてを取り締まれるわけはないし、国税庁もそれほど目くじらを立ててやっても仕方がない面がある。

いずれにしても、この手の細かいことは、マクロ経済的にはほとんど関係のない話である。

政策論として考えるなら、なぜ軽減税率が取り入れられたのかという点が一番重要だ。食品に軽減税率が取り入れられたのは、所得の少ない人たちの食費が大変だからである。だとすれば、全品目10％にしておいて、所得の少ない層に１兆円を戻してあげてもよかった。

軽減税率で１兆円を戻しても、税金として１兆円を取っておいてから配分しても同じことである。

低所得者に税金を給付する方式なら、お店の人はすべて10％で対応できるから、レジも面倒くさくない。所得の少ない人は、給付金をもらうことで、実質８％の税率と同じことになる。政策論としては、そのほうが簡単である。

政策は、いくつもの政策を比較考量して、定量的に考えなければならない。政策としては、いろいろなやり方があったのだが、今回は行政コストが高く、店舗の負担が大きい複雑な一部品目に対する軽減税率という方法がとられてしまった。

全品目軽減税率は一番簡単な方法だから、今からでもやるべきである。ただし、理論的な話と実現可能性の話は別である。

全品目軽減税率は、政治的にはかなり難しいことは承知している。それをすると、増税が失敗したと認めるようなものだから、政治的にはハードルが高い。政権交代でもあれば、過去の政策をチャラにすることはありうるが、そうでなければ、実施した政策を否定することは難しい。

全品目軽減税率が難しいとすれば、財政出動で増税分以上に吐き出せばいい。カバーするべき有効需要は数兆円程度と推定できる。補正予算などの経済対策で半分くらいはカバーできたが、残りの分が足りない。もう1回財政出動をしないと、経済の落ち込みから回復できなくなる。

「れいわ新選組」は消費税をよく知らなかった

野党のれいわ新選組は、「消費税を５％に減税する」と主張している。

筆者はれいわ新選組の勉強会に呼ばれた。筆者とはかなり考え方が違う政策を掲げている政党であるが、「違う意見も聞きたい」というので、政治姿勢としては立派だと思って、勉強会に行った。

ただ、消費税のことを政策に掲げているわりには、国会議員でも消費税についてよく知らなかったので、正直言って驚いた。

消費税は、国税だと思い込んでいる人が多いが、本来、消費税は地方税の性格が強い。小さな国を除けば、消費税というのはだいたい州税だ。中央政府が国税として徴収しようとする国はあまりない。

地方が徴収して、地方財源として使う。それが、税の性格として一番適したやり方だからだ。

日本の現行の消費税も、国税は５分の４くらいで、５分の１程度は地方税になっている。

〈増税前〉
国税6・3％　地方税1・7％　（計8％）
〈増税後〉
国税7・8％　地方税2・2％　（計10％）
国税6・24％　地方税1・76％（計8％、軽減税率）

れいわ新選組の勉強会では、国会議員の人たちに「消費税を減税するというのは、地方消費税も減税するんですか？」と聞いたら、誰も答えられなかった。「5分の1は地方消費税ですよ」と言ったら、よくわかっていないようだった。

消費税には、国税部分と地方税部分があるのだが、それすら知らない国会議員がいたのは驚きだった。

あまりにも不勉強で、地方消費税のことをまったく考えずに「消費税減税」と言っているわけである。地方の財源が減ってしまうことに対して、どのように手当てするのかを考えなければ、彼らの言う消費税減税など実現性はゼロである。政策と呼べるものにすらなっていない。

消費税は財務省がすべて仕切っていて、国が徴収しているから、国税だと思っている人は多いが、地方消費税の部分が含まれている。どのくらいの割合を地方消費税にするかは、法律に書いてある。

法律の数字を変えれば、地方税分を増やすこともできるし、消費税を全額地方税にしてしまうこともできる。国会議員が法律を決めるわけだから、法律の中身を議論すればいいのだ。法律に書かれた数字も知らずに、「消費税減税」という漠然としたことを主張するのだから、ちょっと情けない。

「全品目」軽減税率ができないなら、全額地方財源にせよ

筆者は、消費税は、すべて地方消費税にすべきと考えている。消費税の全額を地方財源にしたほうがすっきりする。そうすれば、財務省の手を離れるから、財務省がしゃかりきになって「消費税増税」とは言わなくなる。いくら増税をしても全部地方に行ってしまう

ので、財務省にうまみはない。財務省に良からぬことを考えさせないためにも地方財源化したほうがいい。

全額地方に行くと、その分だけ、地方交付税がいらなくなる。国から地方に渡される地方交付税交付金は、だいたい16兆円。消費税の税収は、10％への増税で22兆円くらいになるが、８％のときは18兆円くらいだった。そっくりそのまま地方に渡してしまえば、地方交付税はいらなくなる。非常にすっきりした形となる。

詳しくは拙著『「消費増税」は嘘ばかり』（ＰＨＰ研究所）をお読みいただければと思うが、そもそも消費税というのは、応益税と言って、地方の行政サービスの財源として使うのが向いている税である。行政サービスの便益を受ける人が、それに応じて一律に支払う性格の税金だ。

だから、諸外国では、消費税は国税ではなく州税、地方税のところが多い。

消費税を全額地方消費税にすれば、税率は各地方で独自に決めることができる。あるいは、全国知事会などで決めてもいい。

ただ、知事会は、自分たちで税率を決めると、すべて自分たちの責任になるから、嫌がっている。それで、財務省がしゃしゃり出て、国税として徴収して、地方交付税として配っている。

財務省の都合のいいように増税させないためには、国税と地方税の配分を変えることが必要だ。各知事にはもっとしっかりしてもらい、消費税は財務省の手から取り上げて、全額地方財源にする。それが一番すっきりした形になると思う。

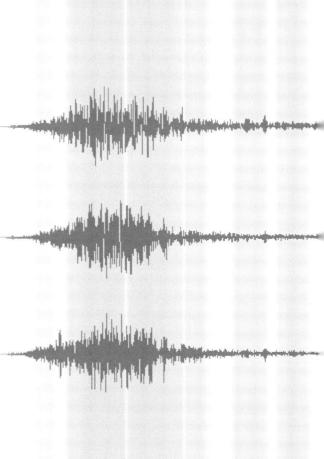

第3章

アベノミクスの7年を無駄にするな

インフレ目標を設定した政権は初めて

過去の経済データを世界と比較しながら分析してみると、日本がデフレに陥ったのは、マネー不足が原因だったことがわかる。

筆者は、小泉政権のときに経済財政諮問会議の民間議員ペーパーのドラフト（原案）を書いていたが、所管大臣だった竹中平蔵大臣と相談しながら、政策メニューに金融政策・金融緩和を入れた。小泉政権では、量的緩和はできた。ただ、インフレ目標のほうは一歩手前まで行ったものの、結局は実現できなかった。

その後、安倍政権、福田政権、麻生政権と続き、民主党に政権が移った。民主党政権下ではデフレが進んだ。

野に下った自民党は、2012年に総裁選を行った。そのときに出馬した候補者の中で、金融政策の必要性を言い続けていたのは安倍晋三議員だけだった。他の候補者たちは、金融政策の「き」の字もなかった。

その後、政権交代して第二次安倍政権ができて、金融政策が実行された。デフレ解消を掲げ、インフレ目標を取り入れ、量的緩和もした。

インフレ目標を取り入れたのは、日本では安倍政権が初めてだ。安倍政権の大きな成果と言える。

ただ、物価は上がってきたものの、インフレ目標の２％には届いていない。その状態で、消費増税をしたことは物価にも悪影響を与える。２０１９年の消費増税は、物価への影響を考えると、年間で０％台半ばのマイナス効果だ。

金融政策で雇用が改善、自殺者も減少

マネーを増やした安倍政権の金融政策によって、日本の雇用は回復していった。

安倍政権を批判する人たちも、雇用が回復した事実は評価せざるを得ないと思う。予定通り賃金が上がらなかった点に関しては、批判されても仕方がないが、もし賃金まで上昇していたら、１００点だった。

筆者は大学の教員をしているから、学生の就職状況がよくわかる。すでに職業を持っている人は、「雇用が良くなった」と聞いても実感がないかもしれないが、大学の現場にい

図表13 完全失業率及び就業者の対前年増減の推移

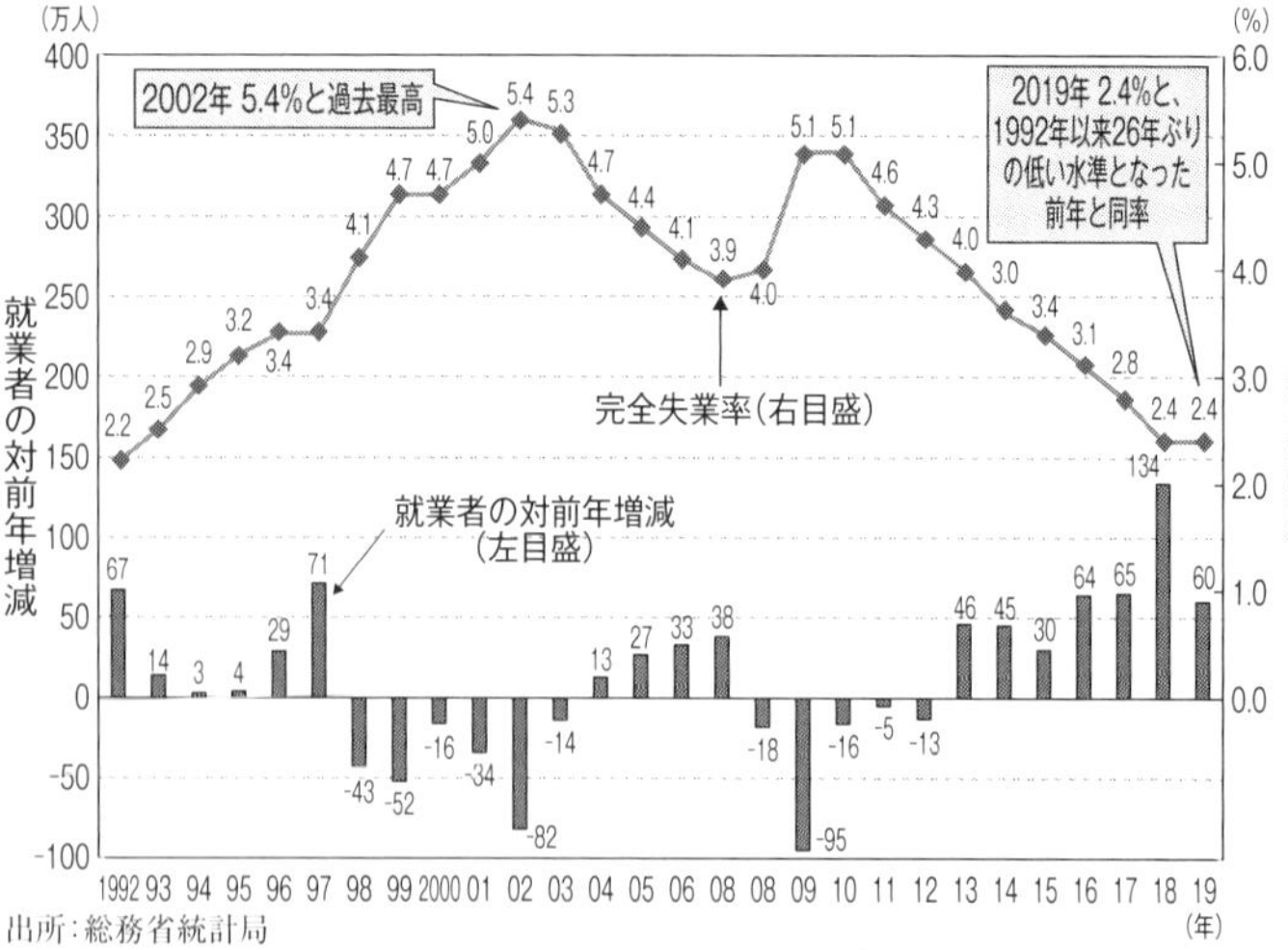

出所：総務省統計局

ると雇用の改善を如実に実感する。

筆者の教えている大学は、はっきり言って一流とされる大学ではない。一流大学であれば、景気が良くても悪くても就職先はあるだろうが、そうでない大学は、景気によって学生の就職が大きく左右される。

筆者の勤めている大学では、以前の民主党政権時代は就職に苦しんでいる学生が多かったが、今は、ほとんどの学生が就職できるようになった。

2020年1月17日に、前年の自殺者数速報値が発表された。速報値としては初めて自殺者数が2万人を下回る見込みだ。これは失業率の低下など雇用改善の成果だ。

自殺者数と失業率はかなりリンクしてい

図表14 平成24年と平成30年の自殺者数比較 (単位:人)

年	自殺	その他外因	その他不慮の事故
H24	26,433	5,622	6,419
H30	20,031	7,554	8,536
増減	-6,402	1,932	2,117

注:人口動態統計データより作成

る。アベノミクスがスタートする前の自殺者数と6年後の自殺者数を比較すると、６０００人以上も減少しているのがわかる。雇用改善は、マクロ経済政策、特に金融政策によるものである（図表13、14）。

経済政策というのは、雇用をつくるのが最低ライン。賃金が上がれば１００点である。現実の政策においては、１００点はまず取れないから、どこまで１００点に近づけられるかという問題である。

予定したような賃金の上昇が起こらなかったのは、外国人労働者受け入れも影響している。人手不足というのは、働く人にとって決して悪いことではない。賃金を高くしないと人が集まらないから、賃金上昇圧力となる。人手不足がもう少し続けば、賃金上昇につながったろうに、外国人労働者の受け入れによって、賃金上昇圧力が弱まってしまった。

為替レートを安定させ、貿易をしやすくした

「貿易」と聞くと、「為替」を連想する人が多い。そういった連想が働くためか、米中貿易戦争が為替に影響するのではないかと心配している人がいる。しかし、短期的な貿易の話と、為替はほとんど関係がない。為替の理論を知っている人なら、米中貿易戦争が為替にあまり関係ないことがわかるはずだ。

為替の理論はけっこう単純だ。例えば、円・ドルレートの場合は、日本とアメリカのマネーの比である。

日本国内にどのくらいの円が流通しているかは、日本銀行の「円」をすべて足し算すると計算できる。日本銀行の当座預金というのは、日本銀行から紙幣を引き出せるわけだから、事実上、日本銀行の紙幣と一緒。また、日本銀行がどのくらい紙幣を刷ったかもわかっており、貨幣の流通量もわかっている。これらの額をすべて足したものが円の総額で、マネタリーベースと言う。

マネタリーベース＝「日本銀行当座預金」＋「日本銀行券発行高」＋「貨幣流通高」

日本のマネタリーベースは、ざっくり言うと500兆円くらいだ。アメリカにも同様の統計があり、アメリカのマネタリーベースもわかる。3・5兆ドルくらいだが、計算しやすくするために4兆ドルとする。

日本の円をアメリカのドルで割ると、500兆円÷4兆ドルで、1ドル＝125円となる。現在の円・ドルレートに近い数字だ。

マネタリーベースの日米の比は毎月計算ができる。この数値と実際の為替レートを比較すると、だいたい近いものになっている。ときどき外れることはあるが、大きく外れることはない。時差があり、1～2年ズレることもあるが、ズレても大きくは外れない。つまり、マネタリーベースによって為替レートを説明できるということだ。マネタリーベースを計算すると、だいたい7割くらいは当たる。

さて、今の話の中に「貿易」の話が出てきただろうか。

米中貿易戦争の話はまったく出てきていないし、日本とアメリカの貿易の話すら出てこない。

つまり、貿易は為替レートにはほとんど関係がないということだ。短期的には為替が上下するかもしれないが、長期的には関係がない。

ロジックの話と現象面は違う。貿易戦争や貿易摩擦による為替変動は現象面である。現象面だけを見ていると、日々の変動に一喜一憂することになる。基本的な為替理論を知っていれば、日々のニュースに振り回されずにすむ。

この理論を知っていると、安倍政権がインフレ目標を設定した意味もわかってくる。インフレ目標が設定されていると、紙幣がどのくらい刷られるかを予測できる。インフレ目標に近づくように紙幣を刷るからだ。

インフレ目標が設定されていないと、中央銀行がどのくらい紙幣を刷るかわからないから、みんなが思惑で動いてしまう。インフレ目標が設定されていると、紙幣の刷り方の予測がしやすい。

だから、インフレ目標が設定されている国同士の為替は、結果的に安定する。各国はだいたいインフレ目標を設定していたが、日本もインフレ目標を設定したことで、マネーの予測がつくようになり、為替レートはあまり動かなくなってきた。

これは、輸出業者、輸入業者にとって非常に大きなことだ。為替レートが乱高下すると、為替に振り回されてしまうかもしれないが、為替レートが読みやすくなれば、メリットが大きい。インフレ目標というのは、輸出入に関わる人たちにとって、非常に重要な意味を持っている。

第二次安倍政権は、民主党政権下で進んだ超円高を円安方向にシフトさせたが、それだけではなく、為替レートを安定させ、為替レートを読みやすくした。これは非常に大きな成果だ。

消費増税を「政治的」に認めた安倍総理

安倍政権の経済政策の誤りは、なんと言っても、消費増税である。

安倍総理は消費増税をする必要がないとわかっていたはずだ。しかも、１度目の消費増税で懲りたはずだった。それでも2回目の消費増税が行われた。

巷間言われているのは、麻生太郎財務大臣のメンツをつぶせないというもの。確かに、安倍政権は、安倍総理、菅官房長官、麻生財務大臣の３人で成り立ってきた。

財務省は、安倍総理が麻生大臣のメンツをつぶせないと見たのだろう。麻生大臣を無碍《むげ》にできないので、政治的盟友関係を優先して、消費増税できると踏んだのだ。これまでも、何人もの財務大臣が財務省に取り込まれてきた。

筆者は、安倍総理が麻生大臣のメンツを考えていたかどうかはわからないのだが、マクロ経済的な観点で言うと、世界経済の地合い（市場、相場の状態）が悪くなっている環境下で、絶対にやってはいけない消費増税に踏み切ってしまった。

では、安倍総理が何をしたのかというと、実は何もしなかった。何もしなければ、法律に書かれている通り消費増税が行われる。直前になるまで、何も言わずにおいて、直前に少し発言して、法律通りに増税された。

前回の増税のときには、有識者たちから意見を聞くという手続きをとったが、今回は、何もしなかった。大きなアクションを避けて、政治イシュー化させなかった。

消費増税は安倍政権下で成立した法律ではなく、野田前政権で成立した法律だ。前政権で決まった法律を実施したわけだが、これは橋本政権も同じだった。村山政権で成立した法律を橋本政権が実施して、消費税が３％から５％に引き上げられた。消費増税による景気低迷が影響して、橋本政権は総辞職に追い込まれている。

安倍政権も、すでに成立している法律を実施しただけだが、しかし、結果がかなり悪い状況になることは予想がついたはずだ。消費増税を2度延期したことはよかったが、最終的に消費増税を実施してしまったことは、安倍総理の経済政策の誤りだ。

財政出動しないのは「増税」と一緒だ

多くの人は、「増税」と「財政」を別の問題だと思っている。違う言葉だから、違うものと思ってしまうのかもしれない。

筆者の場合は、数式で見るから「増税」も「財政」も同じ軸の上にある。財政支出という軸で考えれば、プラスの方向が「財政出動」で、マイナスの方向が「緊縮財政」。また、プラスの方向が「減税」で、マイナスの方向が「増税」だ。符号がプラスかマイナスかだけの違いである。

「財政出動」と「増税」を別の軸で考えると、理解が難しくなるが、１本の数直線で考えると、すごく単純になる。符号がプラスなのが「財政出動」で、符号がマイナスなのが「増税」である。マネーに色はついていないから、マクロ経済から見ると、符号が違うだけのまったく同じ現象と言える。

安倍政権がきちんと財政出動をしたのは１年目だけだった。２年目以降は財政出動が足りない。

緊縮財政と増税は、同じマイナスの符号がつく。

財務省が緊縮財政をとっていることは、増税と同じである。消費増税をしたうえで、緊縮財政をしているのは、ダブルで「増税」をしているということだ。経済に大きなマイナスの影響を与えるのは当然である。

2020年1月に補正予算を打ったので、多少はダメージを少なくできるが、まだまだ規模が足りない。財政出動に関しては、安倍政権の取り組みは不十分である。遅すぎたし、少なすぎた。

第3の矢は「300本を射って何本当たるかどうか」

マスコミでは、安倍政権の「3本の矢」という言い方がされ、金融緩和、財政出動、成長戦略と言われていた。

しかし、これはマスコミ的な言い方であり、最初の2つと、最後の1つはまったく違う。金融と財政はマクロ経済の話。一方、成長戦略というのは、ミクロ経済の話だ。

マスコミはマクロとミクロの識別ができていないから、3つをひとくくりにしているが、マクロとミクロは違う。はっきりと言えば、成長戦略というのは、個々の産業の話だから、経済成長にはあまり関係がない。成長戦略は、新聞ネタにはなりやすい、という程度の話である。

ミクロ政策で多少効果があるものとしては、横断的な政策だ。それは規制緩和しか他にあまりない。規制緩和というのは、多くは地方自治体レベルの話だ。

産業振興のような個々の産業への介入は、百害あって一利なしだ。役人はビジネスなどやったことがないのだから、彼らに産業振興策を決めさせるのは危険だ。新聞記者は、政府の産業振興策と称するものによくだまされる。「ＡＩ」とか「５Ｇ」と言われると飛びつく。定性的な話のほうが彼らには記事が書きやすいのかもしれない。

「戦後の日本は通産官僚が産業政策で業界を指導して、高度成長を遂げた」と巷間言われているが、これは、経済のことを知らないマスコミが流したストーリーにすぎない。数値的な検証ができない定性的な話だ。

かつて城山三郎氏が『官僚たちの夏』という小説を書き、テレビドラマ化もされた。同小説に登場する主人公のモデルと言われる佐橋滋氏（元通産次官）と、本田宗一郎氏（本田技研創業者）が激しく対立した話は有名である。佐橋氏ら通産官僚は、本田宗一郎氏のやろうとすることをむしろ邪魔しようとした。自動車産業を育てたのは、通産官僚ではなく、本田宗一郎氏である。

マクロ経済分析をすると、戦後の高度成長の要因は、為替が一番大きかったということがわかる。1ドル＝360円という、とんでもなく日本に有利な為替のおかげで、産業が伸びた。そんなことを言うと、みんなガックリしてしまうかもしれないが、それが真実だ。有利な為替を日本企業が生かしたのである。

そもそも産業政策という言葉自体が、英語には存在しない。「インダストリアル・ポリシー」とでも言うのだろうが、「ジャパニーズ・インダストリアル・ポリシー」と言わないと、海外の人には伝わらない。海外で経済のわかる人に「ジャパニーズ・インダストリアル・ポリシー」と言うと、だいたい相手はクスッと笑う。「そんなものは、効果がない」と知っているからだ。

過去を振り返っても、通産省、経産省の官僚が天下って立派になった会社の話を聞いたことがない。それほど優秀ならば、自分で会社をやればいいと思う。彼らに成長戦略を考えさせてもほとんど意味がない。

こうしたミクロの話というのは、経済成長にはあまり関係がない。

ミクロ政策は、たくさんやれば、何か1つくらい当たるものがあるかもしれないという程度のものだ。

第一次安倍政権のときに、筆者は官邸の参事官をしていて、安倍総理に「300本くらいやれば、何本かは当たりますよ。下手な矢も数射《う》てば当たりますから」と言ったことがある。

安倍総理は大学時代にアーチェリー部に所属していて、レギュラーではなかったようで、筆者の言葉を、皮肉で言っているのかと思ったそうだ。

「たくさん矢を射てば、当たらなくても何かをやっている雰囲気は出ます」と言うと、安倍総理の受け止めは「政治的には、それも重要だな」という感じだった。ミクロ政策は経済にはあまり効果はないけれども、政治的な雰囲気づくりには重要だということをよく理解されていた。

そのことをチラッと周囲に話したら、週刊誌に「安倍総理は経済政策には興味がない」というような記事を書かれてしまった。筆者は上司からものすごく叱られたが、安倍総理は「まあ、それで、いいんじゃないの。確かに、官邸がやる仕事じゃないよ。各省大臣がやることだから」と言ってくれた。

個別産業のミクロ的なことは、各省がやればいいことで、マクロ経済政策とは別である。経済成長とはあまり関係がないから、やってもいいし、やらなくてもいい。

マスコミが「第3の矢」と称するものは、マクロ経済にあまり関係がないから、評価のしようがない。

大蔵省の「中興の祖」と呼ばれた

日本郵政が、かんぽ商品の販売で高齢者をだまして販売するような案件があり、大問題となった。

マスコミは「郵政を民営化したのが悪かった」という論調である。マスコミの記者たちは郵政民営化を「政治問題」としか見てこなかったので、郵政民営化がなぜ行われたかという真実をまったく知らない。だから本質に迫る議論ができず、政治イシューとして批判をするしかないのだ。

筆者は、郵政民営化にも関わってきたので、いきさつを知っている。郵政民営化というのは一連のプロセスの最終段階、言い換えるなら一連の改革の必然的な帰結だった。

スタート地点は何かというと、国が銀行のような金融業務を行い、国が大きな金利リスクを抱えていたことである。このリスクを何とかしなければならなかった。

国は、郵便貯金などで集めた資金を大蔵省資金運用部に預けて、資金運用部が財政投融資（財投）などで運用していた。運用して増えたものを大蔵省から郵政省に戻して、郵便貯金の利息が払われていた。このとき「ミルク」というおいしい利息を上乗せして大蔵省から郵政省に渡していたから、郵便局は貯金の利息を支払うことができた。

郵政省と大蔵省が一体となって、いわば銀行業務をやっていたわけである。当時、大蔵省の運用額は４００兆円くらいに上った。

ところが、銀行業務をやっているのにリスク管理ができていなかった。４００兆円がリスクにさらされていたため、そこに穴が空くと巨大な損失になってしまう。国に大きな損失が出る前に、大蔵省は改革に乗り出した。

そのときに、極秘プロジェクトとして、リスク管理システムを構築したのが筆者である。金融のリスク管理は、極めて高度な数式モデルを理解していないとできないため、数学科出身の筆者が担当となった。

具体的に言うと、国は金利変動リスクに備えていなかった。

例えば、郵便貯金で5年間2%の利息でお金を集めて、財政投融資によって5年間3%で貸し付けたとする。この場合は、5年間1%ずつの利ざやが取れるから問題ない。借入期間と貸付期間が一致していれば、金利変動によるリスクはない。

しかし、借入期間と貸付期間が違っていたらどうなるか。5年間2%で借りて、3年間3%で貸し付けをしたとする。その場合に、市場の金利が下がって、3年後には金利が1%に低下しているかもしれない。そこから先の2年間は、金利2%で集めたお金を金利1%で運用することになるから、国は1%ずつの損失を抱える。借入期間と貸付期間がズレていると、金利変動リスクにさらされる。

膨大な借り入れ案件と、膨大な貸し付け案件があるから、借入期間と貸付期間を1つずつ一致させることは難しい。平均的な借入期間と平均的な貸付期間が一致するように管理すると、金利リスクを最小化することができる。

それを管理するにはALM(アセット・ライアビリティ・マネジメント)というシステムが必要になる。ALMがなければ、金利リスクを管理できないので金融業を営むことは無理である。筆者はそのALMシステムをプログラミングした。

ただし、根本的に金利リスクを減らすためには、大蔵省資金運用部と郵便貯金を切り離す必要があった。郵便貯金の資金で財投をするのではなく、財投債を発行して財投をする。３年貸し付けのときには３年の財投債を発行し、５年貸し付けのときには５年の財投債を発行して資金調達する。こうすると、借入期間と貸出期間が常に一致するので、金利変動リスクがなくなる。

そもそも、郵貯からたくさんお金が来てしまうから、無駄な財投までやってしまっていた。財投は、Ｂ／Ｃ（ベネフィット÷コスト）が１以上になる案件だけに絞り込んで、その都度、期間が一致する財投債を発行して必要な額だけを集めたほうがいい。

このような経緯があって、国のリスクを減らすために、大蔵省と郵便貯金を切り離すことにしたのである。

しかし、郵便貯金の運用権限を手放したくない大蔵省内は猛反発。筆者は、定量的な数字を示して「このままでは国が大きな損失を抱えますよ。大問題になって、責任問題になりますよ」と言って説得し、幹部の人たちが理解してくれたため、郵貯と切り離すことになった。

筆者は、当時省内で、国を大損失から守った「中興の祖」などと呼ばれた。

大蔵省から切り離された郵政は民営化以外に生き残れなかった

さて、切り離された側であるが、郵政省は大蔵省から権限を取り戻すことが長年の悲願だったので、大喜びした。しかし、筆者は、民営化しない限り生き残りは無理だろうと見ていた。

なぜかというと、郵政省に運用能力がないからだ。郵政省ができる運用は、ぜいぜい国債を買うことくらいだ。

国債というのは、信用力が高いので金利は低い。民間企業に貸し付けるのであれば、高い金利を取れるが、国債での運用はそういうわけにはいかない。郵便貯金の利息はだいたい国債の金利と同じだから、金融業として成り立つはずがない。

筆者は大蔵省の役人だったから、財投改革が重要であり、国の金利リスクをなくすことができればよかった。ところが、どういう巡り合わせか、後に郵政民営化に携わることになってしまった。

郵貯が生き残るには、郵便貯金の金利より高い金利で運用をするしかない。それには、リスクを取って高い金利（といっても普通の金利）の貸し付けをしなければならない。役人というのは、「リスクを取る」ということを考えない。だから、役人には金融機関の経営は無理である。民間人を入れて、民間ノウハウを取り入れるしかない。民営化の方向に進むしか、生き残る方法はなかったのである。郵貯が役所のままでは、必ず行き詰まる運命にあった。

保険事業に関しても、簡易保険はリスク管理ができていないひどい商品だから、新商品を開発しなければ事業が成り立たない。役所のままでは、新商品開発などしないだろうから、保険事業のほうも、行き詰まりは見えていた。

筆者は、郵政が民営化されたとしても、すぐには新商品を開発できないから、しばらくは代理店業務を営み、他社の保険商品を売って収益を上げていくしかないだろうと考えていた。実際、今の郵便局ではアフラックなどの他社商品を販売し、代理店機能によって収益性を高めようとしている。

そもそも役人には、他社の商品を売るという発想がない。簡易保険のみを売っていたら、立ちゆかなくなることはわかっていたから、民営化して別の会社の商品を販売できるようにしなければならなかった。

簡易保険の「簡易」は「大ざっぱ」という意味

簡易保険の何が問題だったかというと、リスク管理のできていない商品だったことだ。リスク管理という発想がないのは、100年以上も前のオールド商品だからだ。「簡易」という名前がそれを表している。大ざっぱにやっている保険を意味する名前なのである。

普通は、生命保険に入るときに健康状態をチェックするものである。それがリスク管理の基本だ。

例えば、ガン保険の場合、誰でも入れるわけではない。ガンの治療を受けている人は入れない。昔ガンになったけれども、治ってからかなり経っている人は、ガンのリスクは減っているから入れる。

いずれにせよ、ガンでないという医師の健康診断書をもらわないと、ガン保険には入れない。保険としては、当たり前である。

ところが、簡易保険はその名の通り、簡易なものだから、医師の診断なしで入ることができた。筆者から見れば、恐ろしい保険商品だ。すでにガン宣告を受けていて、余命何カ月という人がたくさん入ればパンクする。簡易保険はそういう保険であって、リスク管理がまったくできていなかった。

数学的に言うと、「大数の法則」というものがあり、たくさん集めると、リスク管理をしていなくても、まあ何とか成り立つということがある。それに頼ってしまっていた保険なのである。

リスク管理ができていないから、死亡保険金は低い。余命1カ月の人でも入れるのだから、高い保険金を支払えるはずがない。つまり、保険機能のほとんど働いていない商品だった。

死亡保険は、死亡すると保険金をもらえて、満期になるといくらか戻ってくるという仕組みのものが多い。保険機能と投資信託という2つの要素で成り立っている。

簡易保険の場合は、保険機能がほとんど働いていないから、ほぼ投資信託と同じ。その投資信託は運用成績が悪いから、簡易保険は商品としてはほとんど魅力のないものだ。

ガン保険は、投資信託機能がなく、保険機能のみの商品だ。事前の健康確認でリスクを管理しているから、保険金を高く出せる。だから、けっこう人気がある。アフラックのガン保険などは、かなりうまくリスク管理されている。

筆者は、郵政民営化の際に「簡易保険はリスク管理していないから、保険とは言えない。こんなものはもたないから、きちんとした保険商品をつくってほしい」と主張した。言うまでもなく、役所には保険商品をつくるノウハウなどないから、民営化する以外になかったのである。

こうした経緯で、郵政は民営化されることになった。

民主党政権下で再国有化された郵政を放置した安倍政権

ところが、民主党政権時代に、郵政の再国有化が行われてしまった。株式売却をやめて株を持ち続けることにしたのである。

再国有化される際に、当時野党議員だった安倍さんは反対しなかった。再国有化に反対したのは、中川秀直議員、菅義偉議員、小泉進次郎議員、平将明議員の4人だけだ。結果、郵政は国有に戻ってしまった。

日本郵政の人事を見ると、再国有化された実態がよくわかる。

2007年10月に日本郵政が発足したときには、住友銀行出身、つまり民間人である西川善文氏が社長に就任した。

ところが、2009年に民主党政権が誕生すると、郵政を再国有化しようとする動きが出てきた。2009年10月からは、小沢一郎氏に近かった元財務次官の斎藤次郎氏を社長にし、民間出身の西川氏を追い出してしまった。そのうえで、法改正をし、再国有化した。

民主党政権末期の2012年12月からは、財務省出身の坂篤郎氏が社長になった。2代連続して役人が社長になった。

第二次安倍政権ができると、坂氏を更迭して、2013年6月からは、東芝出身の西室泰三氏を社長に据えた。株式は政府が保有し続けるものの、経営は民間出身者に任せるというもので、国有国営から、国有民営に戻したわけである。

その後、2016年4月からは、興銀出身の長門正貢氏が社長になった。民間出身者のトップが続くことになったが、実は、この間に総務官僚はちゃっかりと郵政の実利ポストを握ってしまっていた。

初代の西川社長の下で、総務省から團宏明氏が送り込まれた。團氏は、総務省事務次官はしていないが、郵政事業庁長官を務めていた。郵政民営化のためには事業を回す必要があったので、実務的には欠かせない人物でもあった。

民主党政権下の2代目の斎藤社長時代にも、元郵政事業庁長官の足立盛二郎氏が副社長として入っている。

第二次安倍政権ができてからは、4代目の西室社長のときに、元総務省事務次官の鈴木康雄氏を副社長で入れることに成功している。日本郵政副社長というポストは同じであるが、総務省としては、元郵政事業庁長官から元事務次官に格上げすることができた格好だ。これは再国有化状態だったからこそ可能な芸当であった。

郵政省くらいの大きな組織になると、社長の周りに腹心と言える人が20人くらいは必要になる。民間出身者が、もし本気で経営しようと思うなら、20人は引き連れて郵政に入るだろう。

これまで、それをした民間出身社長は西川氏しかいない。西川氏は、民主党政権になってクビを切られることがわかると、連れてきた腹心たちの再就職まで見届けて、自ら辞任した。

西川氏以外の民間出身の社長は、腹心たちを何人も連れてきたわけではなかった。そういうこともあって、日本郵政内部の実権を鈴木副社長が握ることになったのだろう。

鈴木副社長は、後輩である総務省の事務次官から情報を入手できる関係だったようだから、ますます権力は大きくなった。要するに、郵政「再国有化」時代においては、官僚出身者が実権を握っていたことが容易に推測できる。

この状態を正して、経営を軌道に乗せるには、当初予定通り、民営化を進めるしかなかった。

しかし、安倍政権は再国有化からの再民営化は行っていない。小泉政権時代の郵政民営化騒動は、あまりにも政治リスクが大きかったうえ、郵政民営化は安倍政権の優先課題でもない。郵政民営化に手をつけたら、再び政治が混乱して、外交や防衛など他のやりたいことができなくなるから、手をつけなかったのだろう。

魅力的な商品がつくれない「かんぽ生命」の押し込み販売と不正

２０１９年に、「かんぽ生命」で顧客に対し新旧契約の保険料を故意に６カ月以上二重払いさせるなど、かなり悪質な不正が多数発覚した。被害に遭った顧客のほとんどが高齢者層である点も悪質だった。

「常套手段」とされていたのが乗り換え時の不正で、保険の二重契約や、無保険期間をつくるといったものが多かった。

マスコミは「郵政民営化によって不正が起こった」と論じたが、ここまで述べてきたように、実態としては、郵政はまったく民営化などされていない。再国有化を受けて、国有国営状態である。

ビジネスをやったことのない官僚が経営しているから、民間ノウハウがなく、新商品開発もできていない。問題の本質は、これに尽きる。

まともな商品があれば売りやすいが、まともな商品がなければ、ノルマ営業で、押し込み販売をするしかない。これは、どの業界でも同じだ。まともな商品がない会社は、ノルマ達成のために押し込み販売をしている。

かんぽ生命は、高齢者ばかりを狙っていたようだが、そもそも生命保険の販売で高齢者ばかり狙うこと自体がおかしい。生命保険というのは、死亡しなかった人が死亡した人の保険金を払う仕組みである。元気な人がたくさん入ってくれるから、死亡した人に高額の保険金を支払える。

高齢者をターゲットにした保険商品の場合は、リスク管理の観点から、死亡保険金を大幅に引き下げなければならない。つまり、入ったとしても、まったく魅力のない商品になるわけである。

結局、保険機能が弱く、投資信託の要素が強い商品を保険として売るしかない。今の経済環境では、投資信託は運用成績が悪いから、こちらも魅力のない商品となる。

まともな商品をつくらない限り、売れないし、無理に売ろうとすれば、押し込み販売になって不祥事が増える。一刻も早く、魅力ある商品をつくってもらうしかないが、国有国営で官僚が支配しているうちは無理だろう。

不祥事を受けて、郵政のトップには増田寛也氏が就いたが、増田氏は建設省の官僚だった人だ。結局、経営者が役人に戻ってしまった。国有国営の典型だ。役人に「ビジネスをやれ」と言っても、無理な話だ。不祥事の後始末ができるという程度だろう。

こうなると、民間人にバトンタッチすることはもう難しいかもしれない。郵政は沈んでいく可能性が高い。

筆者の見立てでは、完全民営化できなかった郵政は、いずれ経営困難に陥る。郵政三事業のうち、郵便事業はインターネットの登場によりジリ貧。郵貯事業は貸出部門がない。簡易保険事業はまともな商品がない。いずれの事業でも経営問題が起こることは時間の問題だ。

再建の手立てがあるとすれば、小泉政権が行ったような民営化を再び指向せざるを得ないが、安倍政権では優先課題ではないから、次の政権に期待をするしかない。

安倍政権の経済対策の成績はＡＢＣＤの「Ｃ」

安倍政権の経済政策を是々非々で見てきたが、経済政策をＡＢＣＤで評価するなら、落第点のＤではないことは確かである。雇用をつくるという最低ラインはクリアしているから、Ｃ以上だ。

筆者は、２０１９年６月に上梓した『安倍政権「徹底査定」』（悟空出版）において、データとファクトに基づいて「安倍政権に80点をつける」と評価したが、その後、やるべきではない消費増税が行われてしまった。

現時点で、筆者が安倍政権の経済政策を評するなら、ＢかＣである。今国会中にもう一度景気対策を打って大胆な財政出動をすれば、Ｂになるが、それをしなければ、Ｃである。学業成績で言えば、及第点スレスレの60点前後だろう。さらに、新型肝炎への対応を間違えば、落第の危機だ。そのうえに、東京オリンピック中止になれば、落第確実だ。ただし、安倍政権の経済政策がAではないからといって、イデオロギーで政権批判する人たちもいかがなものかと思う。

彼らは、はたしてAを取れる人たちなのか。批判する人たちは「Aを取れ」と言うが、その人たちに経済学の試験を受けさせれば、AどころかDの落第点しか取れないだろう。それよりは、マシだと思う。

筆者は、いま安倍総理が最優先で成し遂げたいことは、経済を良くすることではないと見ている。おそらく憲法改正や外交などであろう。

しかし、それをやるためには、経済政策で最低Bくらいは取っておいたほうが、もう少し楽にできるのではないかと思っている。消費増税で経済指標を悪化させ、デフレ脱却も成らず、加えて新型肺炎問題の不手際では、とても憲法改正どころではないであろう。

一刻も早く、さらなる大型補正予算を成立させるべきだ。

第4章

なぜ日本は「低成長国」であり続けたのか

平成30年間の日本の成長率は世界でイラクの次に悪い

筆者は、平成の30年間について、所得が「平に成った」時代だと言っている。他の国では大きく増加しているのに、日本だけが「平に成った」ので、日本の所得は相対的に他国に見劣りするようになった。

「所得」という言葉を使っているのには理由がある。あまり理解されていないが、国内総生産（GDP）というのは、「人口×所得」である。

中国のように人口が多ければ、1人当たりの所得がそれほど大きくなくてもGDPは大きくなる。インドも人口が多いから、今後はインドのGDPが大きくなっていくだろう。

日本全体の所得、つまりGDPを、世界銀行が公表している統計で確認してみる。日本、米国、中国について、ドル建てGDPを1990年と2018年で比べた数字である。

日本　3・13兆ドル　から　4・97兆ドル

米国　5・96兆ドル　から　20・5兆ドル
中国　0・36兆ドル　から　13・6兆ドル

日本は大きく見劣りしている。

世界銀行のデータで、統計の出ている国々を比べると、1990年から2018年の伸び率においては、湾岸戦争でダメージを負ったイラクが世界最悪だが、日本はイラクに次いで2番目に悪い数字だ。

つまり、平成の間の低成長は、戦争が起こっていた国と同じ程度にひどい経済状況だったのだ。

この間の世界におけるGDPシェアは、米国は2・5ポイント減、中国は14・3ポイント増だったのに対し、日本は8・1ポイント減と大幅に下がった。

国民の平均的な所得という意味では、「1人当たりGDP」のほうが適切だろう。同時期の世界銀行のデータで見ると、

日本　2万5400ドル　から　3万9300ドル（1・55倍）

米国　2万3900ドル　から　6万2600ドル（2・62倍）
中国　300ドル　から　9800ドル（32・67倍）

日本は伸びが少なく、相対的に魅力がなくなっている。

「日本1人負け」「失われた20年」という現象はなぜ起きたか

平成における日本の低成長期は、いわゆる「失われた10年（20年、30年）」だ。原因には諸説あり、構造問題としての企業投資の不振、不良債権処理の先送りなどが、多くの経済学者によって主張されてきた。

しかし、筆者は、どれも根本原因ではないと見ている。根本原因は「マネー不足」である。

日本の経済学者は、自国のことだけを見て論じていて、他国との比較ということをしない傾向がある。これでは本当の原因はわからない。

過去40年くらいのさまざまなデータを他国と比較してみると、成長率の推移と同じ傾向を示しているデータは、マネーしかない。

世界銀行の統計で、日本を含めた各国のＧＤＰの動きを最もよく説明できるのは、マネーの動きだ。１９８０年代に日本のマネーの伸び率は10％程度であり、先進国の中では標準的だった。80年代の日本のＧＤＰは他の先進国と同じように伸びていた。

ところが、１９９０年代になると、バブルへの反省と懸念からマネーの伸び率は急落した。ここから、日本と他の先進国の差が出始めた。

アメリカはＧＤＰがどんどん伸びていき、他の先進国もＧＤＰが伸びていったのに対して、日本だけが伸びなくなってしまった。そして、中国が急成長を見せて日本を抜き去っていった。

よく「バブル崩壊で、失われた10年になった」と言われるが、この40年間くらいの間に、バブルが崩壊した国はいくつもある。他国は崩壊後みんな復活しているのに、日本だけが復活していない。不良債権処理の先送りが原因と言う人もいるが、不良債権処理の先送りは他国でも見られた現象だ。

では何が違うのかというと、バブル崩壊後のマネーの量である。バブル崩壊から復活した国々は、崩壊後にマネーを増やしているのに対して、日本だけがバブル崩壊後にマネーを増やしていない。

こうしたデータを見れば、マネーが最大の原因だということがわかる。マネー不足がデフレの原因でもあり、成長率が低迷している原因である。

仮に、ＡＩ（人工知能）に、世界中の経済データを入れて計算させても同じ結論が出ると思う。成長率と一番関係の深い指標をＡＩに推計させれば、ＡＩは「マネー量です」と答えるはずだ。統計分析に基づくと、誰がやっても、同じ結論になる。

なぜ同じ結論になるかと言えば、経済理論通りの現象だからである。別に新しい発見でも何でもなく、理論通りの現象が起こっただけだ。マネー不足になると為替が高くなり、国内の名目成長率は落ちるのである。

しかし「マネー不足が原因です」などと言うと、日本の経済学者はショックを受ける。あまりにもシンプルすぎるからだ。あれこれと理屈をつけて否定したがる。

また、日本銀行も、自分たちの失敗を認めたくないので、マネー不足が原因ということを否定してきた。

「生産性」が低いのも「マネー不足」が根本原因

マスコミの人たちも、「マネー不足」ということを理解できない。マスコミには文系の人が多いから、定量的な理解は苦手なようだ。

マスコミは、経済が成長しなかった原因を「企業の活気がなくなった」とか「成長の源がなくなった」と言いたがる。筆者から見れば、精神論のようなものである。「日本は生産性が低いからＧＤＰが低い」などと言う人もいるが、マクロで見ればマネー不足が原因だということがわかる。

生産性というのは、投下している労働に対しての付加価値だ。日本全体の付加価値はＧＤＰと見ればいい。分子はＧＤＰである。分母は、総労働時間とか、生産人口とかいろいろ考えられる。つまり、生産性というのは、先述した「１人当たりＧＤＰ」に近いものである。

ＧＤＰが高くなれば、１人当たりのＧＤＰが高くなり、生産性も高い数字が出る。そのＧＤＰというのは、マネーに左右される。

筆者の場合は、生産性というような個別要素を見ることはない。全体の根源的な要素を見る。

生産性を高めるのであれば、1人ひとりが頑張るというより、まず、マネーを増やす。マネーが増えれば、GDPが高まり、1人当たりのGDPが高くなり、生産性の数字が高くなる。

マネーの動きは基本的に金融政策の分野である。日銀の政策に問題があるが、緊縮財政もその動きに輪をかけた。

バブル時代も実は物価は高騰していなかった

バブル時代については、かなり誤解されている面がある。バブルのときには物価が高騰したかのように思われているが、現実には違う。

バブル期に異常に高騰したのは、土地と株式など一部の資産価格だけである。一般物価は高騰どころか、健全な物価上昇率の範囲内だった。

バブル期各年の物価上昇率は次のようだ。

１９８７年　０・１％
１９８８年　０・７％
１９８９年　２・３％
１９９０年　３・１％

オイルショック時の１９７４年の狂乱物価の際は、年平均23・２％の物価上昇率であったから、それと比べても非常に落ち着いている。

一方で、土地に関しては、都心部では土地転がしや地上げなどで、異様な高値で取引されたところもある。土地の価格は１９９１年ごろがピークだった。

また、株価はどんどん上昇し続け、１９８９年12月末の大納会の日に日経平均株価が３万８９５７円の史上最高値をつけている。

バブル時代の真相は、土地と株が異様に上がり、一般的な物価はかなり落ち着いていたということだ。

問題は、この状態を当時の日銀が正しく分析できていなかったことだ。資産価格の高騰を一般物価の高騰と混同してしまい、一般物価が上がっていないのに引き締め政策をとってしまった。

日銀は、１９８９年5月、10月、12月、１９９０年3月、8月と利上げをした。資産価格が高騰していたのは、法律や規制の不備という理由があり、それを解消することで資産価格は下落し始めた。

株価は１９８９年末をピークに、１９９０年に入ると一気に下落したが、それでも日銀は利上げをした。

バブル崩壊後は、マネーを増やさなければいけないのに、マネーを減らしてしまったのである。その間違いを日銀はずっと認めようとせず、正当化し続けたことが深刻なデフレを生み、「失われた10年（20年、30年）」につながってしまった。

平成の後期になって、安倍政権が金融緩和策を行って、ようやく少し持ち直した。

よく言われた「構造改革」って何？

小泉政権時代にマスコミの人たちは「構造改革」という言葉をよく使っていた。はっきり言えば、左派系の言葉である。

当時、筆者は竹中平蔵経済財政担当大臣の下で政策を立案していたが、その一連の政策が「構造改革」と呼ばれていた。竹中大臣と筆者は、「なんで、これが構造改革なんだろうね？」とよく言っていた。

出した政策はすべて、普通の国が普通にやっているものだった。マスコミが勝手に「構造改革」と呼んでいたので、「まあ、それでもいいや」という感じで、普通の政策を並べて政策の一覧表を出した。

マスコミというのは、何でも大げさに書きたがるし、「新規の」とか「新しい」という表現が大好きだ。

だが、政策をするときに新しい政策などあり得ない。なぜかといえば、世界のどの国もやったことのない新しいことをすると、トラブルが起こったときに対処法がわからず、手を打てなくなってしまうことがあるからだ。

他国で前例があれば、トラブルが起こったときの対処法もわかっている。だから、新しいことをせずに、世界の標準的なことを政策とするわけである。国民生活のかかっている経済政策において、リスキーな実験をするわけにはいかない。新しいことなどできないのである。

他国に前例があるか、経済の標準理論に則ったものを、政策として取り入れる。「新しい」という要素はそこにはない。

そういう意味では、筆者の主張している政策にオリジナリティなどまったくない。逆に言うと、オリジナリティのある政策を取り入れたときには、失敗したときに対処できなくなる。

本章で述べてきたように、日本経済低迷の根本的原因を分析すると、「マネー不足」に行き着く。これは、経済の標準理論で説明がつくことである。

他国で標準的に行われていた政策が「インフレ目標」であり、「金融緩和」である。それを小泉政権のときに出した政策メニューの中に入れたわけである。小泉政権当時はあまり注目されなかったが、第二次安倍政権がインフレ目標を取り入れたときには、マスコミは、いかにも「新しいこと」をやるかのように書き立てた。実際にはどの国もやっていたことを、遅ればせながら日本もやったというだけである。

第二次安倍政権初期の金融政策によって、日本経済は長い低迷期から抜け出して、上向き始めた。

しかし、その後の消費増税などによって不要な急ブレーキを踏んでしまい、再び日本経済は沈み込むことになってしまった。

もう一度、この状態から抜け出さなければならない。

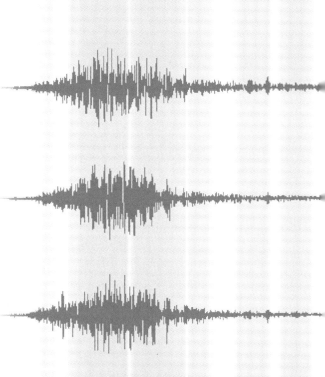

第5章

新型肺炎と東京五輪後の危機突破のために

大不況を防ぎたいなら「大盤振る舞い」せよ

前述したように、2019年10―12月期の実質GDPは年率マイナス6・3％というひどい状況だった。この状況から回復するのはかなり大変である。

2020年1月に可決された補正予算で、消費増税分と同じくらいの4兆3000億円が財政出動されるが、半年くらい遅れたので、その間の落ち込みをカバーするのが大変である。補正予算によって一息つけるが、まだまだ不十分だ。

その後、新型肺炎問題が出てきた。ますます経済環境が厳しくなっているから、補正が切れるとかなり厳しい状況になると予測される。日本経済のさらなる落ち込みを防ぐための処方箋をつくらなければならない。

筆者が考える処方箋は、「国債を発行し、または減税して、大規模な財政出動をせよ」というものだ。

本当は、消費増税が失敗したわけだから、元に戻すのが一番いい。法律上は10％の税率でも、軽減税率制度を使い、「全品目」を軽減税率対象にすれば、増税しなかったのと同じことになる。

政治的にはかなり難しいことだが、新型肺炎という新たなマイナス要素も加わったのだから、全品目軽減税率という大胆な政治決断があってもいいはずだ。

それができないのであれば、超大盤振る舞いをすることである。

前述したように、財政支出という1本の数直線で考えれば、「増税」はマイナス方向であり、「財政出動」はプラス方向である。「増税」によるマイナスを打ち消すには、プラスの「財政出動」を大量にすればいいということになる。

４兆３０００億円を増税で吸い上げ、経済対策で４兆３０００億円を吐き出したが、さらに大規模に財政出動する。そうしないと、増税で悪化し、新型肺炎が追い打ちをかける経済状況を乗り越えられない。５月くらいまでにもう一度、大規模な補正予算を組むかどうかで、その後の日本経済はかなり変わってくる。

マクロ経済政策としては、財政政策ともう１つ金融政策がある。

財政と金融は、実施しているセクターが違うから、両者が違う動きをすることもあるが、歴史を見ると、経済がうまくいっているときは、だいたい両者の動きは似ている。金融緩和をしながら、財政出動をすると経済はかなり良くなる。

その状態に持っていく必要がある。政府は財政出動をし、日銀はさらなる金融緩和を行うべきである。

『朝日』がありがたがったサマーズは教科書通りに言っただけ

『朝日新聞』（2020年1月15日付）に、ローレンス・サマーズ元米財務長官のインタビュー記事が掲載された。

サマーズの発言内容を要約すると、

- 日銀を含めた統合政府で純債務残高を見れば、日本は財政危機とは言えない
- 昨年の消費増税によってデフレ懸念がある
- 現在はマイナス金利だから、財政拡大をして5Gや医療・ITに投資をしたほうがよい

というものだ。

これは筆者の言っていることとまったく同じである。要するに、この状況下では「財政出動をせよ」ということだ。

なぜ結論が同じになるかというと、標準理論を使っているからだ。誰が考えても同じ結論になる。はっきり言えば、教科書に書いてあるレベルの内容だ。

教科書レベルの内容を、『朝日新聞』はわざわざアメリカでサマーズに取材して掲載しているのだから面白い。

こうした政策論は、サマーズの専売特許でもなければ、筆者の専売特許でもない。標準の消費理論と標準の投資理論から出てくる話だ。

連結バランスシートで見るのは会計学のイロハのイ。上場企業を見るときには、グループ会計で見るのは当たり前だ。国の財政を見るときも、国全体で見るのは当たり前。日銀も国の一部だから、日銀も含めたグループ会計（統合政府の会計）で見なければ、日本国の財務状況は判断できない。

サマーズは、「純債務残高」と言っているが、これは資産と負債の差である。財務省やマスコミは「借金」のことしか見ていないが、バランスシートで資産と負債の両方を見るのは、当たり前の会計の見方である。日本の場合、債務の額は大きいが、資産の額も大きいから、純債務残高（債務－資産）はかなり小さくなる。だから、サマーズは財政危機とは言えないと言っているのである。

さらに言えば、金利が安いときは、お金を借りて投資をするチャンス。これは大学生レベルでわかることだ。もちろん、企業経営者ならみな知っている。金利の高いときにお金を借りて投資をすると、収益が上がらない場合には会社が傾くかもしれないが、低金利で借りれば、あまり収益が上がらないものに投資をしても、損をすることはない。投資をする絶好のチャンスだ。

政府も同じで、ゼロ金利、マイナス金利のときに借りて、将来役立つインフラや技術に投資をするのが一番いい。金利5％なら、5％以上稼がなければいけないが、金利ゼロ％なら、1％でも稼げばペイする。

要するに、「マイナス金利だから、国債を発行してお金を借りて、将来投資をせよ」ということだ。

何に投資をしてもいいのだけれど、サマーズは、みんなが関心のありそうな分野を挙げて、「5Gや医療・ITに投資せよ」と言っているわけである。

マイナス金利だと、国債を発行すれば国は儲かる

２０１９年10月に、10年国債の金利はマイナス０・２％になった。これが何を意味しているかわかるだろうか。

簡単な例で考えてみる。まずプラス金利の場合。

国債を発行してお金を調達すると、金利分を加えて返済しなければいけない。例えば、10年国債の金利がプラス０・２％だとすると、１兆円調達した場合には、毎年１兆円×０・２％＝20億円ずつ金利を支払う。10年間で２００億円の金利を支払う。そして10年後に１兆円を返す。

マイナス金利の場合はどうなるのか。

マイナス金利というのは、金利分が手元に入ってくるということだ。マイナス０・２％の場合は10年間でマイナス２％になる。国債を額面１兆円発行したときに、手元には１兆２００億円が入ってくる。その後の利払いはゼロ。そして、10年後に１兆円を返す。

マイナス０・２％の金利のおかげで、手元に２００億円の収入金が入ってきてしまう。

無為無策をするのなら、１兆円は使わずに保管しておいて、10年後に１兆円を返却すればいい。国債を発行することによって、労せずして国は２００億円が儲かってしまうわけである。

何も考えずただ国債を発行するだけ。こんなことは、バカでもできる。ところが、財務省はやろうとしない。筆者から見れば、バカ以下だ。

財務省がこんな簡単なことをやらないのは、これまで「国債は将来世代に負担を残す」と言い続けてきたからだ。国債で利益が出ることがわかってしまうと、彼らの主張がウソだったことがバレてしまう。

「国債を出したほうが儲かる」なんてことは、彼らにとっては、天地がひっくり返るようなことなのだ。

国債発行による政府支出は「一石三鳥」の政策

なぜ、このような、労せずして儲かる不思議なことが起こるのか。

国債を発行する側は、２００億円儲かってしまうが、逆に言うと、国債を購入する側は、1兆円の10年国債を購入するときに、200億円のプレミアムを加えて1兆200億円を支払わないと入手できないということである。

200億円ものプレミアムを支払ってでも国債を買う人がいるのか。実は、けっこうたくさんいるのである。それは、金融活動において、国債は欠くことのできない存在だからだ。

国債というのは大きな券面で、電子取引ができるから、金融機関が担保として扱うときに重宝されている。

金融機関が民間企業にお金を貸すときには、個人保証をとったり、担保として不動産を差し入れさせたりする。不動産のような物的担保は、評価するのが非常に難しい。担保不動産がいくらの価値があり、いくら分の担保になるかを査定するのに手間がかかる。

本当は、金融機関としては物的担保以外の担保が欲しいのだが、何も差し出すものがない企業は、不動産などの物的担保を差し出すしかない。金融機関としては、査定は面倒くさくなるが、担保は絶対に欲しいから、物的担保を入れさせる。

しかし、金融機関同士で資金の貸し借りをするときに、物的担保をとるのは面倒くさい。年中、貸し借りをしているわけだから、いちいち物的担保の評価などやっていられない。金融機関同士の貸し借りでは、国債を担保として使うのが一番便利なのだ。

物的担保は評価するのにけっこうコストがかかるから、それならば、電子取引できて便利に使える国債を、プレミアムを支払ってでも手に入れておいたほうがいいと考えるわけである。

要するに、面倒くさい事務作業よりも、国債のプレミアムのほうがコストが安くすむのである。

国債は使い勝手がいいから、ほしがる金融機関が多い。金融機関が国債を買っているのは、資産運用のためにやっている面もあるが、担保の代わりとして使いたいのである。国債金利がマイナスというのは、国債の需給関係から見れば、国債供給が少なすぎて「品不足」になっているということである。

国債を欲しい人がたくさんいるのに、品不足で入手できない人がいる。プレミアムを払ってでも入手したいくらい、国債が大人気であるという証拠だ。だから、国債金利がマイナス金利になってしまう。品不足の状態だから、国債をたくさん発行しないと、プラス金利にはならない。

「マイナス金利」というのは、マーケットが「国債をもっと発行してくれ」というサインを出しているのに等しい。

それに応えるためにも、政府は国債をそれこそガンガン発行すべきである。マイナス金利のもとでも国債発行による政府の投資を増やすことで、金利が上がる。マイナス金利が解消されれば、金融機関の経営を助けることにもなる。

現在のような環境下での国債発行による政府支出は、政府としての必要な将来投資、先行き経済不安への対応のための有効需要創出、金利正常化での金融機関の経営支援という「一石三鳥」の政策である。

「財政破綻」する国の国債が大人気になるはずがない

マスコミは、極端な話が好きなので、「国債暴落論」や「財政破綻論」をよく持ち出す。しかし、それらはフィクションの世界であり、あまりにも現実味が乏しい。

国債暴落の気配などまったくないし、それどころか、国債はマイナス金利である。マイナス金利というのは、暴落どころか品不足だからプレミアムがついてしまっているということだ。

「財政破綻論」もフィクションであって、まったく現実的ではない。破綻確率というのは定量的に計算できる。一番わかりやすいのは、CDS（クレジット・デフォルト・スワップ）の数字を見ることだ。日本のCDSのレートから、5年以内に破綻する確率は1％未満と計算できる。ファイナンスを専攻する大学院レベルの人なら、だいたいこの破綻確率を計算できる。日本の財政破綻を唱える学者は、そんな計算もできないレベルかもしれない。

計算ができないとしても、現象面を見ていれば、日本が破綻しないことは簡単にわかるはずだ。

世界で危機的な出来事が起こると、安全資産として円が買われる。日本が破綻しないと思われている何よりの証拠だ。日本国政府が破綻寸前なら、破綻するかもしれない国の通貨をわざわざ買うはずはないのだ。

2020年1月に、アメリカ軍がイラン革命防衛隊のソレイマニ司令官を殺害した。このとき、「戦争が起こるのでは」という緊迫感が走った。その状況で為替市場では円高が進んだ。世界中の金融関係者は「ドルを売って日本円を買ったほうが安全」と判断したわけである。

財務省は、「債務残高の対GDP比を見ると、我が国は主要先進国の中で最悪の水準となっている」と、借金のことばかり言っている。財務省からレクチャーを受けている日本のマスコミも、借金のことばかり報じている。

しかし、財政を見るときには、負債と資産を合わせたバランスシートで見るのが普通である。バランスシートの負債だけを見て、「危ない」と言う人はいない。

日本政府の場合、負債も大きいが、資産も大きいから、ほとんど問題のないレベルだ。世界の標準的な見方では、国の財政は連結で見る。中央銀行を含めた「統合政府」で見るということだ。

第2章で述べたように、２０１８年にＩＭＦが出したレポートで、日本の財政の健全性が示されている。同レポートによって、財務省もマスコミも、日本政府の資産については伝えずに、借金のことばかり言ってきたことが世の中にバレてしまった。

日本は長期金利もマイナス

２０１９年8月29日に、長期金利の代表指標である10年物国債金利が一時▲０・29％

と、2016年7月下旬以来、約3年1カ月ぶりの低水準となった。その後戻してきたものの、超低金利状況である。

同8月時点では、期間が長くなるほど金利が低くなる状態（「逆イールド」と言う）、マイナス金利期間が7年続いていた。しかも、マイナス金利期間が15年まで、というかつてない状況だった。

これは国債発行をするには絶好の機会と見ることができる。

まず金利のイールドカーブというものについて説明しておこう。

金利には、期間ごとの金利がある。残存期間が異なる債券の利回りの変化の状況を表したグラフがイールドカーブである。ちなみに、金利と利回りというのは、厳密には違うが、同じと思ってもらってもいい。債券の場合は「利回り」という言葉をよく使う。10年物国債を持っているときの利回りと、10年金利はほとんど一緒である。

イールドカーブは、期間別の金利をグラフにしたものだ。1年金利、2年金利、3年金利……9年金利、10年金利……をグラフにすると、イールドカーブができる。

1年間お金を借りるときと、10年間お金を借りるときの金利は違う。普通は、10年間借りるときの金利のほうが少し高くなる。

借りる側からするとよくわからないだろうが、貸す側の立場に立ってみればわかるはずだ。長い期間お金を貸すと、途中でヘタって返済してもらえない可能性が出てくる。１年間貸すのであれば、きちんと返してもらえるだろうが、10年間も貸していると、借り手の状況が変わって、返してもらえなくなるかもしれない。

貸し手にとっては、長く貸すのはリスクがある。だから、長く貸すときにはちょっと金利を高く取る。「１年間なら金利１％で貸しますけど、10年間貸す場合には金利２％をとりますよ」という具合だ。

長期間の住宅ローンを借りたことのある人は、普通の金利より高くなっていることを知っているはずだ。

長期間貸し付ける人の金利を高めに取っておくと、１００人に貸していて１人が返済不能になっても、他の人の金利でカバーできる。

長期間貸すときにはリスクが大きくなるから、長い期間の金利のほうが高くなる。そのため、通常は、イールドカーブは右肩上がりになる。ただし、これは通常の場合であって、経済状況に依存する。右肩上がりにならない場合もある。

イールドカーブを知れば経済状況が見える

貸付金利の話で終わってしまったら、金融機関が損をしないために長期金利を高くしているというだけの話になる。イールドカーブというのは、それだけでは終わらないから面白い。イールドカーブは経済状況を反映している側面があるため、イールドカーブを見るだけで、かなりいろいろなことがわかる。

理論を押さえておけば、景気との関係がよく理解できる。

ここでは、単純化するために、1年金利と2年金利を理論的に考えてみる。

r1＝1年金利

1r1＝1年後の1年金利

r2＝2年金利

100円を1年間借りたとき、1年後には、

１００×（１＋ｒ１）

となる。

１年後の１年金利（１ｒ１）が、今年の１年金利（ｒ１）と同じなら簡単だが、実際には金利が上がっているか、下がっているかはわからない。

１００円を２年間借りたとき、２年後には、

１００×（１＋ｒ１）×（１＋１ｒ１）

となる。

この数字は、２年金利（ｒ２）で１００円を借りたときと同じにならないとつじつまが合わないから、

１００×（１＋ｒ１）×（１＋１ｒ１）

＝１００×（１＋ｒ２）

となる。つまり、

1＋r2＝（1＋r1）×（1＋1r1）

である。

この式から言えることは、

1年後の1年金利（1r1）が高くなっているのであれば、1年金利（r1）より2年金利（r2）のほうが高くなる。

1年後の1年金利（1r1）が安くなっているのであれば、1年金利（r1）より2年金利（r2）のほうが安くなる。

式にすると、

①1r1＞r1　⇒　r2＞r1　金利先高

（イールドカーブは右肩上がり　順イールド）

1r1＜r1　⇒　r2＜r1　金利先安

（イールドカーブは右肩下がり　逆イールド）

となる。これが１つめの原理だ。

もう１つの原理は、先述したように長期間貸すほうがリスクがあるから、金利が高くなるというもの。

②長く貸すリスク　$r2 > r1$

①と②の２つの原理で金利は動いている。逆に言うと、イールドカーブを見ると、この２つの情報を読み取れるということだ。

今の「１年金利」はみんな知っている。「１年後の１年金利」がいくらになるかは、誰にもわからない。「１年後の１年金利」は非常に重要な情報だから、みんなが知りたいと思っている。いくらになるのかわからないので、金融機関はイールドカーブから、平均的なところを計算しているのである。

「逆イールド」は何を意味しているのか

一般論として、長期金利は将来の短期金利の積み合わせになっている。10年金利は、現在の1年金利、1年後の1年金利、2年後の1年金利、3年後の1年金利……9年後の1年金利によって決まる。

10年金利が現在の1年金利より低いのは、今後の1年金利が現在より低いと予想されていることを意味している。

つまり、「逆イールド」は、将来の短期金利が現在より低いと予想されるときに起こる。金利が低いということは、経済活動が盛んでないことを意味しているので、不況の前触れという連想になる。

マイナス金利がかなり進んだ2019年8月時点では、7年金利までが「逆イールド」になっていた。これは、今後7年間は景気の先行きが明るくないと見られていたということだ。その1年前の2018年8月時点では「順イールド」だったから、先行き不透明感がかなり増したことを意味している。1年間で「順イールド」から「逆イールド」に変わり、しかも、マイナス金利の期間が7年までだったのが、15年までになった。イールドカーブが様変わりした。

アメリカでは、2年金利と10年金利が逆転すると、景気の先行きが怪しい兆候と言われている。２０１９年8月時点では、日本の場合、2年金利と10年金利の逆転はなかったが、2年金利と7年金利はかなりの逆転になっていた。消費増税前の8月時点で、先行きの不透明感が強まっていた。

その後、「逆イールド」状態から緩やかな「順イールド」になっていったが、②の要素によって右肩上がりになるのが普通だから、今後の1年金利（短期金利）は横ばいが続くとみんなが予想しているということである。

つまり、低金利がしばらく続き、デフレが続くと見ているわけである。しかし、15年金利はプラスに戻ってきたから、さすがに15年間はデフレは続かないと見ているということである。

こういう状況のときに、大きな財政出動をすれば、この先の金利が上がって、イールドカーブは右肩上がりになる。すぐにイールドカーブに反映されるから、イールドカーブを見ているだけで、世の中の動きがよくわかるのである。

マイナス金利は金融機関には最悪だが、国には将来投資の絶好機

金融機関にとっては、「逆イールド」で、しかも「マイナス金利」の状況は経営に響く。

金融機関は、預金で集めたお金を貸し出しや有価証券で運用して利ざやを稼ぐのが基本だ。一般的に、運用の金利は同じ期間の預金金利に、信用リスクに応じた「信用スプレッド」を加えたものだ。

また、預金の期間は運用の期間より短い。通常は、短期で金利の低い預金を集めて、金利の高い長期で運用する。これが「長短スプレッド」だ。

つまり、金融機関の利ざやは、「信用スプレッド」と「長短スプレッド」から構成されている。

これまで日本の金融機関は、信用スプレッドよりも長短スプレッドに依存して利ざやを稼いできた。信用リスク管理をさほど厳格にしないですんだのは、「逆イールド」の期間がそれほど多くなかったからだ。

だが「逆イールド」になって長短スプレッドがマイナスになると利ざやを取れない。10

年金利から1年金利を引いた長短スプレッドの長期的な推移を見ると、スプレッドがどんどん低下してきて、ほとんどスプレッドがない状態になっていることがわかる。「順イールド」の場合でも、運用金利がマイナスになると、利ざやを取れなくなる。預金のマイナス金利は、預金者が損をすることになり、社会的な反発もあるので、まずあり得ないからだ。銀行に１００万円預けたら1年後に２０００円引かれていたというのでは、誰も預けなくなる。

「マイナス金利」かつ「逆イールド」というのは、金融機関にとって最悪の収益環境と言える。

他方、政府が国債を発行する場合には、金利負担なしで長期資金を借りられるので、絶好の投資チャンスだ。

政府はこの機会にインフラ投資をどんどん行ったほうがいい。金利コストゼロなので、ほぼすべてのインフラ投資について、費用対効果をきちんと算定すれば、投資が正当化できることを意味する。

東日本大震災以降、日本列島で地震が活発化しているという説もあるので、そのリスクに備え、震災被害を最小化するために、将来投資が必要である。南海トラフ地震や首都直下型地震はいずれはやってくるので、今の時期に防災対策投資を行うべきだ。

こうした投資の場合は、物的資産が残るので資金の調達は建設国債になる。建設国債は赤字国債とは違って、一定の資産が残るので必要であればどんどん発行すればよい。

今の国債市場はマイナス金利なので、金利負担を考えずにすむどころか、むしろ国債を発行したほうが得をするくらいの状況だ。よほどひどい公共事業でなければ採算性がある。将来投資をするには絶好の機会だ。

国債発行による投資は、有効需要を増加させるので、先行き不安が高まっているときの対応にもなる。

こうした投資の絶好のチャンスに、債務が大きくなるのを懸念して財政健全化を主張し、国債発行を減額するのはまったくバカげている。

いま国債を発行してもまったく問題ない

「国債を発行して成長分野への投資を増やせ」という評論家がいる。言っていることは正しいが、数値・数量で表さず、多くの場合は定量的な分析をせず、定性的に言っているだけだ。文系出身者に多い数字の裏付けのない主張だ。

数字をわからずに議論しているから、財務省の言う「国債は将来世代にツケを残す。国債は出すべきでない」という主張を論破することができない。財務省の連中もド文系だから数字に弱いが、数字に弱い者同士が主張をぶつけ合えば、権限を握っている財務省が勝ってしまう。

筆者は、財務省にいるときに国のバランスシートをつくったので、あとどのくらいまで借金ができるか、金額を推定できる。

バランスシートというのは、つくるのがけっこう大変である。国のあらゆる資産を漏れなく、金銭価値に換算して計上しなければならない。

国の隅々にある土地、建物はもちろん、自衛隊の護衛艦、戦闘機、装備品など１つも漏らさずに計上しなければならない。

また、国は子会社のような特殊法人などに出資や貸し付けなどをしている。こうした金額も含めて（連結すると相殺されるが）、あらゆる金融資産を計上する。もちろん、負債も全部計上する。

筆者１人で全部をやったわけではないが、筆者が統括していたので、国のあらゆる資産、負債についておおよそのところがわかっていた。どこに財産が隠れているかも知っていた。

筆者が官邸にいたときには、財務省の役人たちが「予算がありません」と言っているのに対して、筆者はバランスシートを示しながら、「ここに埋蔵金がこれだけありますよ」と言って捻出していた。財務省の役人たちは、非常に悔しがっていた。

国全体のバランスシートを把握していれば、どこにどんな財産があるかもわかるし、あとどのくらい国債を発行しても大丈夫かということが、定量的に計算できる。

筆者は、漠然と「国債を発行すればいい」と言っているわけではなく、定量的な計算を前提に、「今は国債をガンガン発行できる」と言っているのである。

文系の評論家たちは、計算をせずに「国債を発行して公共投資を増やせ」と言っているが、それだと、単なる主義主張、あるいは空論で終わってしまう。定量的に計算しなければ、実効性のある政策にはならない。

適切な割引率にアップデートして費用対効果を計算し直せ

公共投資というのは費用対効果を計算して行われる。

建設国債を発行するときには、B／C（B＝ベネフィット。C＝コスト。ベネフィット÷コスト。「ビー・バイ・シー」と呼ぶ）を計算して、1以上でなければ発行できないという条件がある。コストもベネフィットも金銭価値に換算してB／Cを計算し、コストを超えるベネフィットがなければ公共投資はできない。

B／Cを計算したうえで、国債を発行して投資をするわけだから、借金を増やしても、それ以上に資産が増え、バランスシートは良くなる。

財務省に洗脳されて「国債を増やすと借金が増えるからダメだ」と思い込んでいる人たちは、バランスシートのことをまったく考えていない。

財務省が公共事業を増やさない背景には、国土交通省が割引率というものを15年間も4％に据え置いていることがある。アメリカでは割引率は毎年見直されており、年末に予算管理局が機械的にアップデートしている。

筆者は、日本の新聞記事で、公共事業の割引率について触れているのを見たことがない。記者たちは、割引率というものをよくわからないのかもしれない。

割引率は、公共投資に大きく関わっている。

筆者は、約18年前に国土交通省に出向していたときに、各国の費用分析を比較・調査するために海外に出張したことがある。そのときに訪れた各国では、割引率は随時見直すと聞いた。

実は、筆者が国交省に出向していたのは、左遷されたようなものだった。大蔵省からアメリカのプリンストン大学に留学していたが、アメリカでの勉強が面白くて留学を延長してもらった。

プリンストン大学では、ベン・バーナンキ（後に、元ＦＲＢ議長）やポール・クルーグマン（後に、ノーベル経済学賞受賞）たちと、毎週のようにセミナーで語り合えたので、そういう場を失いたくなかった。通常は2年間の留学のところを3年に延長してもらったが、さすがに「もう戻ってこい」と叱られた。それで戻ってきたら、国交省の閑職に出向させられたわけである。

国交省時代は暇だったので、実は裏でこっそりと経済財政諮問会議の手伝いをしていた。国交省から財務省に帰ったときに、正式に諮問会議の特命室というところの兼任になり、民間議員ペーパーの原案を書いていた。筆者は国交省の中で、コスト・ベネフィット分析をきちんと行うように主張した。

国交省は、そのとき筆者らの主張を受け入れて、割引率を計算し直した。そのときに出てきた数字が４％である。

ところが、それから15年以上も経つのに、国交省は一度も割引率を見直してこなかった。割引率を見直さずに高い割引率のまま放置してきたのは、必要な公共事業を行わなかったという意味であり、罪深いものだ。

というのは、割引率が４％というのは、４％以上の収益がないと、投資が損失になるということ。つまり、４％以上の収益を上げる投資しかできないということである。これは、企業が借金をして投資をするときと同じ考え方である。４％の金利で借り入れをするなら、４％以上の収益を生む事業にしか投資できない。

そういう意味では、金利も割引率も、意味合いは同じである。投資の基準を決める数字が、金利であり、割引率だ。

割引率は４％であるから、国の投資基準は、４％以上の収益を生むものということになる。そういう高収益のものにしか国は投資できない。

現在の金利環境で見直せば、割引率は少なくとも０・５～１％程度になる。マイナス金利だから、割引率はさらに低くなるかもしれない。ほとんど利益を生まない下手くそな投資をしても儲かるということだ。

いずれにせよ、4％というのは、現在の金利環境とまったく合っていない。割引率を見直せば、公共事業の採択率が高まり、3倍増させることも可能だが、割引率はずっと見直されていない。

現在の公共事業は6兆円くらいだが、割引率を見直せば、20兆円分くらいは採択可能になるだろう。

割引率は、普通は実質金利で計算するが、名目金利も実質金利も似たりよったりの数字だから、あまり気にする必要はない。一番単純なのは、前回と同じ計算式を使うことだ。国交省は、15年前は実質金利をもとに割引率を計算した。そのときと同じ計算式を使い、最新の実質金利を入力して計算し直せばいい。すでに計算式はあるのだから、最新の実質金利を入れるだけで、割引率をアップデートできる。

15年前とはまったく金利水準が違っているのだから、早く計算し直すべきである。

MMTは数式モデルを持たない「マユツバもの」

最近は、ＭＭＴと呼ばれるわけのわからないものが出てきている。国債を発行するという点では、筆者の主張と似ているが、中身はまったく違う。

ＭＭＴというのは、Modern Monetary Theoryの略であるらしく、Ｔ（セオリー、理論）という名前がついている。しかし、経済理論でも何でもない。経済理論というのは、数式モデルがあるかどうかで決まる。数式モデルがないものは、「理論」というよりも、単なる「お話」「ポエム」である。

「お話」を読んで、「このお話、面白かったね」というような類いのものであり、経済理論とは質の違うものだ。一言で言えば、ＭＭＴというのは、政治的プロパガンダのようなものだろう。

マスコミは、よくわからないものを「新しい理論」と言ってもてはやすのが好きだ。そもそも既存の理論を知らないから「新しい」と思い込んでいるのだろう。

ＭＭＴが主張していることは、既存の理論で導き出せる結論ばかりだ。

繰り返しになるが、国の会計は、中央銀行を含めた「統合政府」で見なければいけない。これは、会計学のイロハのイだ。トヨタ自動車の会計を見るときに、トヨタ本体だけでなく、グループ全体の連結で見るのとまったく同じである。「統合政府」の連結会計で見ると、負債も多いが資産も多いため、純債務残高は小さいことがわかる。少々国債を発行しても破綻しない。

「金利が低いときには、費用対便益で考えると、投資のチャンス」というのは、当たり前の既存理論である。ゼロ金利、マイナス金利なら、金利負担が少ないから借金をして投資をするチャンスだ。

こうした条件下では、国債を発行して、投資をしたほうがいいという結論になる。すべて既存理論で導き出せる結論だ。新しい理論はどこにも使っていないし、ＭＭＴなどというものが介在する余地もない。

既存の理論で説明できることを、「新しい理論」などと言うのは、マユツバものである。既存理論をパクって、新しい理論であるかのように言っているだけだ。

ＭＭＴ関連の本を翻訳している人に、「彼らの理論モデル、数式モデルは何？」と聞いたところ、「よく高橋さんが書いていることと同じですよ」と言っていた。筆者は既存理論を書いているので、要するに、新しさはまったくないということだ。経済のことを知らない人たちが、勝手に「新しい理論」と言っているだけだろう。

既存の理論では説明のつかない現象もあるから、それを説明するための数式モデルを開発したのであれば、「新しい理論」と言っていい。だが、ＭＭＴは、そういう類いのものではない。

ＭＭＴと既存理論との最大の違いは、数量的概念だ。ＭＭＴは国債をどれだけ発行していいとは言わずに、無制限に発行できるようなことを言っている。既存理論は、定量的にどれだけの国債を発行できるかを言うことができる。

建設国債の場合は、国債を発行して負債が増えても、インフラという国家の資産が増えていくから、バランスシートは悪化に向かわない。一方、赤字国債の場合は、資産は増えず、負債だけが増えていくから、負債が大きくなりすぎれば破綻につながる。そういう意味では、国債発行に限度はある。

筆者は「無制限に国債を発行していい」と言ったことはない。バランスシートの状況と、徴税権という簿外資産を見ながら、現状ではまだ十分に国債を発行できると言っているのである。10兆、20兆円くらいの国債発行は大丈夫だが、さすがに１０００兆円も発行することはできない。

ＭＭＴの人たちは、筆者と同じようなことを言っているらしいが、本質的なところでは、まったく違っている。

筆者は、バランスシートが悪化した状況ならば、「国債を発行してはいけない」と主張する。そうすると、「意見を変えた」というような批判をする人がいるが、意見を変えているわけではない。理論的に「こういう状況だから、国債をこれだけ発行できる」と言っているのであり、状況が変われば「国債を発行するな」と言うのは、当たり前である。

消費税に関しても、筆者はずっと消費増税に反対してきた。マスコミの人たちは、「増税反対派」というレッテルを貼るが、「派」でも何でもない。現在の条件では、消費増税をすべきではないと言っているのであり、前提条件が変われば、結論は変わる。

マスコミの人たちは、条件に応じて結論が変わるというロジカルな考え方を理解できないらしい。「増税賛成派」対「増税反対派」の対立構図をつくるのが好きなようだ。

国債で「100兆円基金」をつくれば経済が動き出す

マイナス金利の今は、国債発行の大チャンスだ。マイナス金利がゼロ金利になるまで国債を発行すればいい。

ゼロ金利にするには、かなり巨額の国債を発行できる。金額は100兆円になるか50兆円になるかわからないが、切りのいい、わかりやすい金額として１００兆円として計算してみる。

10年物の国債金利がマイナス０・２％なら、国債を額面１００兆円借り入れた場合に、手元に入ってくるお金は１０２兆円になる。さすがに、本書執筆時点ではそうなっていないが、マイナス金利の年限が存在しているので、この話は少し修正すれば使える。

このうち、２兆円だけ使って、１００兆円は基金に入れて保管しておけばいい。２兆円分丸儲けである。

この2兆円分を公共事業に使うことができる。２兆円あれば、かなり大きな投資ができる。２０１９年に沖縄の首里城が焼失してしまったが、その再建費用くらいは、国債を発行するだけで稼ぐことができる。

１０２兆円のうち、残りの１００兆円は「公共事業に使うぞ」と言っておけば、見せ金として使うことができる。

１００兆円くらい基金に入っていれば、今後ずっと公共事業があるとマーケットは予想する。建設会社は、今後10年くらいずっと公共事業があると予想すれば、安心して人を雇える。雇用を増やす可能性が出てくるわけである。

マクロ的に見ると、建設会社が雇用を増やせば、他の業界は人手不足になる。人手不足というのは、経済にとって悪いことではない。みんなに仕事が行き渡っているということであり、人手不足が深刻化していけば、人手を確保するために経営者は給料を上げざるを得なくなる。

経営者にとっては人件費増はありがたい話ではないが、給料が上がるのは、労働者にとっては非常にいいことである。みんなの給料が上がっていけば、経済は良くなり、最終的に経営者にとってもプラスとなる。会社は儲かり、給料は上がるという好循環が生まれる。経済全体から見ると、経済がうまく回っているということである。

国は「民間にはできない投資」をしなければいけない

国が投資をするときには、民間にはできない投資をすることが必要である。儲かりそうな投資は民間が手がけるから、民間でできることは民間でやってもらい、民間がやれない部分を政府が行う。

２０１９年に、ｉＰＳ細胞の研究でノーベル賞を受賞した山中伸弥さんらの研究予算が削られるかどうかで騒動があった。

国が支援しないと成立しない研究もあるが、山中さんらの研究には、民間企業も関わるようになってきた。民間が関わるようになったということは、ビジネスとしての見込みが出てきたということであり、国の関与する割合を減らしてもいい段階に入ってきたと見ることもできる。

10年の補助事業と決めておきながら、民間が入ってきたことでいきなり補助を打ち切るのはよくないから、10年は続けるだろうが、そこから先は「研究者と民間企業でよく話し合ってくださいね」ということになる。

ビジネスになる前の段階では、国が積極的に投資をすべきであり、ビジネスになりつつあれば、国の関与を減らしていくのは自然な流れである。

山中さんを応援したい気持ちがあったとしても、山中さんを神格化して聖域にしてしまうのは、国の投資としてはまずい。

投資は、一定の基準に基づいてやらなければいけない。

投資をするときには、物と人に分けて考えることが必要だ。物への投資は有形資産になり、人への投資は無形資産になる。

典型的な有形資産は、道路などの公共インフラだ。５Ｇの設備も有形資産と言っていいだろう。５Ｇの中でも技術開発など知的所有権は、無形資産の側面が出てくる。医療への投資も、有形資産になる部分と無形資産になる部分がある。

典型的な無形資産は、教育投資など人への投資である。

有形資産、無形資産というのは会計で使う分類法だ。会計の分類を使うと、あらゆる投資を分類できる。分類する場合は、過不足があってはダメで「漏れなく、重複なく」が重要だ。

このように分類していくと、投資をすべて資産計上できる。

投資によって国の資産が増えていくから、国債を発行して負債が増えてもバランスシートは良くなる。

研究開発への投資をもっと増やせ

国債発行にはルールがあり、無条件で何にでも投資をしていいというわけではない。防衛装備も固定資産に計上できるが、武器などを買うために建設国債を発行することはできない。

ただし、防衛力強化につながるような研究開発投資ならできないこともない。

筆者は役人のときに、会計上のテクニックを使ったことがある。政府からの出資金というのは、建設国債発行の経費対象になる。特殊法人への出資金という形にして、特殊法人が扱う人工衛星の原資を国債で調達した。

ところが、人工衛星の打ち上げが連続して失敗をしてしまい、特殊法人の資産がなくなってしまった。特殊法人は完全に債務超過。かなり批判をされ、綱渡りではあったが、再度出資をして特殊法人を救った。

今は、人工衛星の打ち上げが失敗しなくなったからいいのだが、当時はまだ失敗が起こっていた。人工衛星というのは、巨大なプロジェクトだから、何度も失敗すると債務超過になってしまう。

しかし、ある程度失敗しないと、重要な技術開発は進まない。失敗を無駄だと言う人がいるが、技術開発に失敗はつきものだ。

有名な例で言えば、はやぶさが挙げられるだろう。はやぶさは、失敗はしたけれども、それが後の成功につながっている。はやぶさは最終的に成功したからフィーバーが起こったが、ずっと失敗続きなら批判の嵐だったはずだ。技術開発は失敗を積み重ねて成功することが多い。

民主党政権時代の事業仕分けを覚えている人は多いと思う。「無駄だ」「無駄だ」と言って、科学技術予算を削ろうとした。たぶん科学技術のことをわかっていなかったのだろう。

よく「選択と集中」と言われるが、科学技術においては、「選択と集中」は絵に描いた餅である。どれがうまくいき、どれがうまくいかないかは、やってみなければわからない。うまくいかなかったものが、後にうまくいくこともある。

研究開発には相当長い時間がかかる。短期的には失敗する技術開発もたくさんあるが、長くやっていると、１つの成功が他の失敗をカバーして、トータルして大きな利益となる。技術開発は長い期間をかけて回収していくものだから、長期間の資金調達である国債は適している。

ベネフィットとコストの緻密な計算をする

民主党政権時代に、八ッ場《やんば》ダムを中止するかどうかで議論になった。丸めた数字で言うと、当時、八ッ場ダムは、2000億円くらいを先に投資していた。そこで事業をやめると、何もなくなる。

追加的に2000億円くらいを投資すると、洪水調節や首都圏への水の配給などで5000億円くらいのメリットがあると見込まれていた。

これをどう判断するかだ。

今までに投資した2000億円がもったいないから、続けたほうがいいというのは、サンクコスト（埋没費用）の考え方だ。

「こんな巨額のお金が無駄になるのは、もったいない」という判断をする人は多いが、こういうときには、払ってしまったコストのことは完全に忘れたほうがいい。これから支払う2000億円で5000億円が儲かると考える。「追加的コスト」と「得られる便益」の比較で判断するのが投資である。

筆者は、当時、テレビのインタビューを受けたときに、映画の話をした。

2000円を払って2時間の映画を見に行って、1時間見たときに、「つまらない映画だ」と思ったら、どうするか。

「2000円がもったいないから最後まで見よう」と考えるのではなく、そこで映画館を出てしまうのが合理的な考え方だ。1時間あれば、その時間を使って他のことができる。つまらない映画を残り1時間見続けるより、もっと楽しいことができるかもしれない。そういう考え方で、判断するわけである。

結局、八ッ場ダムの建設は続行された。

2019年に台風19号によって千曲川が決壊するなどの大きな被害が起こったときに、「八ッ場ダムのおかげで、利根川の氾濫が起こらなかった」というような話があった。ダムの場合は、1回の事象だけで判断できるものではない。1回のことで「良かった」「悪かった」というのは、一喜一憂の世界だ。

公共投資をする場合の計算は、もっと冷徹である。人命もすべて数値的な計算がされる。これぱかりは、投資判断においては仕方のないことだ。

50年くらいのスパンで見ると、降水確率に基づいて、何年かに一度は河川の氾濫が起こることが計算できる。氾濫したときの人的物的被害金額を計算し、それをダムの建設費用でまかなえるかどうかで判断する。

「氾濫したときの被害金額」よりも「ダムの建設コスト」のほうが大きいときはどうする

のか。その場合は、ダムをつくらずに放置する。被害が出てから、事後対策でやる。筆者は、あくまでも投資判断の話をしているのであって、人命や財産を守るという政治判断はまた別である。

ダムと違い、河川の堤防は、便益よりもコストのほうが安くなるケースが多い。何年かに１回は、堤防が氾濫して大きな被害が出る。洪水被害は非常に大きな額になるから、それよりは堤防を建設するコストのほうが安くつく。

ダムの建設には巨額のお金がかかるが、堤防の建設はそこまで高くはない。だから、コストより便益のほうが上回るという計算になり、堤防がつくられることが多い。

ただし、人がほとんど住んでいない地域は、堤防が決壊しても被害が少ないので、新たな堤防は建設しないで、遊水池と考えて、人が入らないようにする方法がとられることもある。

便益の計算はかなりメカニカルに行う

「公共事業悪玉論」のようなことを言う人たちは、公共事業の仕組みについて勉強していないことが多い。公共事業がどのような計算に基づいて決定されているかを知らないから、いい加減なことを言えるのだろう。

政治家が「俺の町に道路を通せ」と言って強引に道路建設をさせているように思っている人もいるようだが、筆者からすれば「いったい、いつの時代の話をしているの？」という感じだ。昔の映画やドラマに出てきたような話を信じているとしたら、あまりにもバカげている。

公共事業は、緻密な計算によって判断されるものだ。

例えば、A市からB市の間に新たな道路をつくるときに、どういう計算をするのかを示してみる。

まず道路についての需要予測を出さなければいけない。いろいろな計算ができるが、いちばん簡単なのは運転免許を持っている人がどのくらいいるかをもとにするものだ。運転免許を持っていない人は自動車を運転できないから、運転免許保有者数は需要予測の際の重要な数字になる。

運転免許保有率は、年齢とともに保有率が高くなり、あるところで飽和点が来る。保有率に人口をかけると運転免許保有者数がわかる。A市、B市それぞれの運転免許保有者数が計算できると、どのくらい需要があるかがわかる。

A市とB市の間には、さまざまな交通ネットワークがある。道路もいくつか引かれているだろうし、道路以外にも電車など交通手段がある。それらを計算して、需要予測を出すのである。

A市とB市の間にすでに２本の道路があり、真ん中に新たに道路を通すとすれば、道路の物流データを用いて、２本の道路から真ん中の道路にどのくらい流れてくるかを推測できる。

需要予測ができたら、それに時間単価を掛け算したものが、道路の便益である。「道路の便益」とは、シンプルに言えば「早く行けること」だ。A市とB市の間を早く移動できるようになると、時間が浮く。

浮いた時間の時間単価を掛ければ、道路の価値が出る。道路の便益というのは、わりとシンプルなものである。

ただし、計算式は膨大な数がある。道路ができて便利な町になれば、将来のA市、B市の人口は変化するだろうし、需要の状況も変化する。一般的に言えば、道路の場合は、最初は便益が小さくて、将来のほうが便益が大きくなる。

高速道路の場合は、もう1つ便益がある。それは死亡率が少ないことだ。一般的なイメージとしては、高速道路はたくさん事故が起こっているように思うだろうが、実際には事故率は低いし、死亡率も低い。一般道路と違って、高速道路は、変な飛び出しをしてくる人がいないから、死亡率が低いのである。高速道路上の大事故の映像をイメージしてしまうと、本当の数字がわからなくなる。事故が少なく、死者が少ないのは、大きな便益である。こういったことも数値計算する。

こうした道路の便益（ベネフィット。B）が、道路建設のコスト（C）を上回っていれば、B／Cは1を超える。「道路をつくる」という判断になるわけだ。

計算の仕方は決まっていて、かなりメカニカルに、道路をつくるかどうかが決定されている。膨大な数の計算式で、それぞれの数値計算が行われているから、文系の人が実際の計算を見たら、びっくりすると思う。

この計算がいい加減だと、便益の数字が変わってきて、本当はB／Cが1を下回っているのに、道路をつくってしまうことが起こる。

筆者は役人時代に、国交省の需要予測の間違いを指摘したことがある。使われている数式を全部チェックして、「ここの計算が間違っていますよ。需要予測が大きく違っていますよ」と指摘した。そんな指摘をされたのは、国交省始まって以来のことだったと聞いた。運転免許保有率の数値が間違っていたため、需要予測が大きく違っていた。

どこが間違っているかを指摘すれば、国交省も反論できないから、きちんと正す。筆者が指摘したときも、国交省は計算をやり直した。

こういう話になると、文系の役人たちに出番はない。完全に理系の世界になる。財務省の役人には文系の人が多いから、公共事業のチェックをよく頼まれた。

道路などのインフラは、何年かに１回は必ず修理改修が必要になる。メンテナンス・コストはかかるが、それほど大きな額にはならない。やはり一番コストがかかるのは、建設時である。

建設時の投下コストが非常に大きく、その後はあまりコストがかからない。だから、将来コストを現在価値に引き戻す部分は少なく、割引率はあまり影響しない。

一方、便益（ベネフィット）のほうは将来までずっと続く。時間が経つと、どんどん利用されるようになるから、便益は最初は小さくて将来のほうが大きくなる。だから、便益の計算には、割引率が大きく関係してくる。

現在のように４％という高すぎる割引率を使っていると、コストはあまり過小評価されず、便益のほうだけが過小評価されてしまう。0・5%とか1%という割引率を使っていれば、B/Cが1を上回っているのに、4%を使うことで1を下回ってしまい、採択されない公共事業が多数出てくる。

公共事業に政治家が口出しする余地はほぼない

公共事業は緻密な計算によって評価されている。政治家が介入する余地などほとんどない。

政治家が「ここに道路をつくれ」と役人に言っても、最終的に、需要予測を見せられて「ここには、つくれません」と言われるだけだ。人口の少ない地域は便益が少ないから、便益がコストを上回らない。計算を覆せない限り、政治家がゴリ押ししてもまず無理である。人口が多く、運転免許保有者数が多い地域であれば、便益が大きくなるから道路ができる可能性は高くなる。

現代の道路建設においては、政治決着などということはまずない。データで決まる世界である。

政治家が口出しするのは、Ｂ／Ｃの計算が１を超えている案件だ。有力案件をかぎつけて、「この道路は建設されそうだ」と思われるところに口出しをしてくる。そうすると、いかにもその政治家の力で、道路が建設できたかのように見える。いわば地元有権者向けのアピールだ。

Ｂ／Ｃが１を下回るような、絶対に脈のない道路については、政治家は何も言わない。建設が見込まれる道路案件をかぎつけて、口をはさんで、手柄にするのである。

コスト・ベネフィット分析をしているため、政治案件というのはほとんどなくなってきている。政治家が口出しできるとすれば、着工が決まっている道路の優先順位くらいだ。すでに着工が決まっているのだから、どこから先に始めてもかまわない。いつかは建設するのだから、優先順位を上にするということはありうる。

ただし、それは財源の制約がある場合だ。財源に制約がなければ、決まった順番に着工していけばいい。あとは、実務的な話で、工事の難易度や人員手配の問題で、着工までに時間を要するものは遅れていく。

公共事業は、データに基づいて、かなりメカニカルに決定されているから、人の意図が入り込む余地などほとんどない。もし、意図的なものが入り込んでいたら、指摘すれば修正される。

筆者が財務省にいるときに、農水関係の公共事業をチェックしたらB／Cが1になっていた。数字がちょうど1になることは滅多にない。「おかしい」と直感して前提の数式を見直していったら、1人が1日6食を食べることになっていた。3食で計算すべきところを6食に変えて無理やり需要をつくっていたのだ。「ここが違いますよ」と指摘したら、修正された。

高速道路をつくるときには、他の交通機関のことも考慮する。新幹線、飛行機、高速道路の3つがあるとすると、1人で3つを同時に使うことはできない。需要予測のときに、1人で3つ使うかのような数字で計算をしていたら、間違いを指摘しなければならない。指摘すれば正される。

高速道路にはコスト以上の価値がある

道路公団民営化が議論されたときに、マスコミは「道路公団は債務超過に陥っている」と報道していた。無駄な高速道路をつくってきたから、債務超過に陥っているのだ、と。

猪瀬直樹さんらも「高速道路は無駄だ」とよく言っていた。

筆者は、各高速道路の将来にわたる便益をすべて計算して「高速道路には価値がある、道路公団は債務超過には陥っていない」と主張した。

議論の流れは、筆者の主張のほうに流れていった。それは当然である。Ｂ／Ｃを計算して１を超えているのは、資産価値があるということだ。資産価値があるのだから、債務超過には陥っていない。

債務超過に陥っていなかったことは、後に実際に道路公団を民営化しようとする段階で、きちんと資産査定をしてわかった。

公共事業の計算メカニズムを知らないマスコミは、いい加減なことばかり言っていた。人が通らない道路なら無駄だが、Ｂ／Ｃが１を超えている道路は無駄ではない。

筆者の場合は、モデル式にさかのぼって、すべてのモデル式の計算を確かめたうえで数字を出しているから、「これだけの価値がある」と自信を持って言うことができた。モデル式そのものの間違いまで発見して、正しいモデル式に変えて計算し直した。モデル計算式に基づいてデータを計算して、合理的な結論として、「ペイするから、高速道路は必要」と主張したまでだ。

ペイするから債務超過ではなく、民営化が可能になる。もし、債務超過だったら、民営化などできないのだ。

B／Cが1以上の公共事業を実行するわけだから、公共事業は国の資産を増やす。今のマイナス金利の環境においては、借金をすることによって資産を増やせる絶好のチャンスである。

マスコミは、公共事業の決定メカニズムについてまったくの無知だから、「公共事業悪玉論」のようなものを持ち出して、一刀両断にしたがる。1つひとつ個別に見て判断すべきものであり、公共事業をひとくくりにすること自体がおかしい。

マスコミが唱える「公共事業はダメだ。財政赤字が膨らむ」というバカげた言説に惑わされるべきではない。国債を発行して、インフラへの投資、技術への投資、人への投資をして、国の資産を増やすべきだ。

教育投資は投資効果が非常に高い

将来に向けた投資をすれば、当面の有効需要を高めるだけでなく、長期的な成長率を高めることになり、一石二鳥である。

将来投資の中では、教育投資も重要である。難しく考える必要はなく、奨学金を増やせばいい。学費の貸し付けをするのなら、無利子にしてあげれば、返済が楽になる。あるいは、貸し付けではなく全額あげてしまってもいい。その人たちが将来稼いでくれれば、税金という形で回収できる。

教育投資は、普通に計算をするとＢ／Ｃは2〜3になる。ＯＥＣＤのデータでは、もっと高い数字になっている。投資としては、かなりよい投資である。

科学技術分野では基礎研究の予算が足りていないから、国債を発行して基礎研究に投資してもいい。物的資産がないから建設国債が発行できないことになっているが、会計上は無形資産として認識することができる。無形資産も対象にすればいい。

基礎研究というのは、将来のリターンが多いことが証明されている。ただし、全部がうまくいくわけではない。

研究者たちは自分の研究は絶対に成功すると信じてやっているが、実際に成功するのは、１０００に3つくらいかもしれない。１０００のうち９９７は失敗する。失敗した研究は「無駄だ」と言われがちだが、９９７の無駄がないと3つの成功が出てこない世界である。

3つの成功が997の失敗を上回る成果を上げるから、投資効果が高い。総合的に見ると、基礎研究への投資は将来リターンが大きい。

いま国債を発行すれば将来世代の負担が減る

国債発行が将来世代の負担になる場合もあるが、それはごく一面にすぎない。国債を発行して借金しても、バランスシート上の資産が増えるのであれば、将来世代の負担にはならない。

もし、借金がすべて将来世代の負担であるなら、企業は借金をできなくなってしまう。企業が借金をするのは、調達した資金を投資することによって、企業がいっそう成長できるからである。

同じように、国も借金をしてさらに発展できるのなら、借金は悪いことではない。むしろ、有益なことである。

日銀はイールドカーブ・コントロールという金融政策をしていて、10年国債の金利を0

％以上に上げないようにしている。だから、いくら国債を発行してもマイナス金利が０％にまで上がるだけで、プラスにはならない。

財務省は、「国債を出すと、将来世代の負担が増える」と言い続けてきたが、現在は逆になっていて、国債を出すと政府が儲かってしまう。「国債を出すと、将来世代の負担が減る」状況だ。

金利が高いときの国債を、金利が低い国債に借り換えればいいのだが、積極的にはやっていない。満期が来たら返さなければいけないから、借換債を出してひっそりとやっているくらいだ。

自動的な借り換えをやっているので、10年国債の金利はマイナスからゼロ近くに戻してきたが、それでも7年国債、６年国債はまだマイナスだ。日銀がイールドカーブ・コントロールをしている間は、金利がプラスにはならないので、国債を出しても政府は損をしない。無為無策でも儲かる。

インフレなら予算規模が「過去最大」になるのは当たり前

２０２０年度当初予算案の一般会計総額は、１０２兆６５８０億円。２０１９年度当初予算１０１兆４５７１億円から、１兆２００９億円の増加である。

２０２０年度予算に対して、マスコミは「過去最大」と否定的なトーンで報じている。

ＮＨＫは「来年度予算案　過去最大の１０２兆円超　歳出膨張に歯止めかからず」と報じた。

新聞各紙の社説も同じような論調だ。

『朝日新聞』「１００兆円超予算　健全化遠い実態直視を」
『毎日新聞』「過去最大の１０２兆円予算　『身の丈』に合わぬ放漫さ」
『読売新聞』「20年度予算案　『１００兆円』は持続可能なのか」
『日経新聞』「財政の持続性に不安残す来年度予算案」
『産経新聞』「来年度予算案　歳出の改革は置き去りか」

各紙とも、借金のことばかり書いている。財務省の思惑通りである。

筆者が大蔵官僚時代には、来年度予算について、課長補佐クラスか課長クラスが各紙の論説委員のところに、エンバーゴ（情報解禁日時）つきの資料を持って事前に説明に行っていた。

その後、各社の社説が出ると、大蔵省幹部が説明した課長補佐クラスか課長クラスを全員集めて、各社の社説を論評していた。「この社説はよく書けているな、この社説はダメだ」と。

言うまでもなく、大蔵省の意向に沿っている社説が「よく書けている」と評価されるわけだが、同時に課長補佐・課長クラスが、どこまでマスコミを丸め込めたかという「仕事ぶり」も評価されていた。

おそらく今でも、財務官僚は似たような方法でマスコミに対して事前レクチャーをしているのではないか。

だとすれば、各紙の論調が似ているのは事前レクチャーが効いているためではないかと邪推してしまう。

その際、「予算の膨張や財政再建の遅れを批判してもかまわない」と財務官僚が説明したら、各紙はそのように社説を書くのではないだろうか。

マスコミの人は、基本的に人から聞いた話を書く。知識を持っていれば、財務省から説明を聞いても客観的に判断できるが、ほとんどの記者は財務省の官僚以下の知識しか持っていない。だから日本の記者は、最初の情報だけを与えれば、いくらでもコントロールできてしまう。

さらに言えば、新聞各社は消費税の軽減税率の恩恵を受けているから、財務省のご意向に逆らう記事は書きにくい。

そもそも、「過去最大」の予算が悪いことなのか。

予算額は、言うまでもなく名目値である。名目値の経済統計数字は、年々増加して大きくなるのが通例だ。だから、過去最大になるのは当然であり、前年を下回っているほうがむしろ問題だ。

過去最大を問題視するのは、マスコミがデフレ指向そのものだからであり、そのほうが問題である。

例えば、インフレ率2％なら、予算は過去最大にならなければおかしい。過去最大でないほうが、「えっ、なんで？」ということになり、ニュースになるはずだ。過去最大は普通に起こっていることであり、それがニュースになるというマスコミの思考は非常に不思議である。

各紙は自社の記事をさかのぼって読んでみるといい。おそらく、毎年のように、過去最大と書いているのではないだろうか。

例年過去最大になるのが当たり前で、そんなことをわざわざ過去最大と表現して報じる価値があるのかと思う。

財務省は緊縮財政を今すぐやめるべき

２０２０年度予算の歳出総額は１０２兆６５８０億円であるが、そのうち１兆７７８８億円は「臨時・特別の措置」である。

「臨時・特別の措置」には、消費税対策でもあるキャッシュレス・ポイント還元事業の２０２０年度分２７０３億円や、「防災・減災、国土強靭化のための３か年緊急対策」の２０２０年度実施分に当たる１兆１４３２億円などが含まれている。

つまり、「臨時・特別の措置」以外の残りの部分である100兆8792億円が「通常分」というわけだ。「臨時・特別の措置」は2020年度限りのものであり、2021年度にはなくなる。

財務省は、緊縮財政の姿勢を示しているのである。

それが色濃く出ているのが、公共事業費だ。

2020年度の公共事業費は6兆8571億円だが、その中に「臨時・特別の措置」の7902億円が含まれている。「通常分」は6兆669億円で、前年から1％減っている。

要するに、財務省としては「公共事業費を減額したが、2020年度は『臨時・特別の措置』で膨らんだ」という説明なのだ。

「臨時・特別の措置」というのは、財務省が緊縮財政姿勢を示そうとするときに、よく用いられる手法である。

名目GDPと一般会計歳出総額を比較すると、一般会計総額のほうが名目GDPより伸びが低い。つまり、年々緊縮度合いが高まっているということだ。過去最大の予算が問題なのではなく、名目GDPに対して一般会計総額が相対的に縮小していることのほうが問題だ。

消費増税と新型肺炎によって経済状況は深刻化している。

しかも、今年は東京五輪だ。

一般的には、五輪後は経済が落ち込むことが多い。経済の落ち込みを回復させるためにやるべきことは、緊縮財政ではない。

安倍政権が及第か落第かは、安倍総理の決断にかかっている

まず、15年間も見直しが行われておらず、金利環境と大きく乖離した、公共事業の割引率を見直す。これによって、採択可能な公共事業は3倍くらいに増える。また、マイナス金利という極めて有利な状況を生かして、公共事業に必要な国債を発行する。２０２０年度補正予算を組んで、大規模な財政出動をする。

これ以上経済を悪化させないために、そして将来の成長のために、一刻も早く、こうした手を打つべきである。

筆者は本書で、最悪のタイミングで消費増税を行って経済の落ち込みを招いた安倍政権、総理を叱った。そして落ち込みの理由を縷々述べ、日本を立ち直らせる政策を提案し

た。

あとは安倍総理が、財務省、その息がかかった政治家、財界、マスコミの反対を押し切って、やるか否かだ。安倍政権が及第か落第かは、安倍総理にかかっている。

編集協力●加藤貴之
著者写真撮影●太田真三
本文DTP・校正●有限会社メディアネット
販　売●酒井謙次
宣　伝●安田征克
統括マネージャー●岡布由子

髙橋洋一　たかはし・よういち

1955年、東京都生まれ。数量政策学者、㈱政策工房会長、嘉悦大学教授（政策研究）。東京大学理学部数学科、経済学部経済学科卒業。博士（政策研究）。1980年、大蔵省入省。理財局資金企画室長、プリンストン大学客員研究員、内閣府参事官（経済財政諮問会議特命室）、内閣参事官（首相官邸）などを歴任した。2008年、退官。2008年、『さらば財務省』（講談社）で第17回山本七平賞を受賞。著書に、『「消費増税」は嘘ばかり』（PHP研究所）、『米中貿易戦争で日本は果実を得る』『安倍政権「徹底査定」』（以上、悟空出版）など多数。

髙橋洋一、安倍政権を叱る!

悟空出版

二〇二〇年三月二十六日　初版第一刷発行

著者　髙橋洋一
編集人　白石泰稔
発行人　佐藤幸一
発行所　株式会社悟空出版
〒一六〇—〇〇二二　東京都新宿区新宿二—三—一一
電話　編集・販売：〇三—五三六九—四〇六三
ホームページ　https://www.goku-books.jp

装幀　黒岩二三
印刷・製本　中央精版印刷株式会社

Printed in Japan　ISBN 978-4-908117-72-5